아홉 살에 처음 만나는

지구 마을 대표 동물들

Animal Atlas for Kids by Michael DiSpezio
Copyright © 2021 by Rockridge Press, Emeryville, California
Map illustrations © Vector Growing/Creative Market 2021. Cover and interior photographs licensed courtesy of Alamy, Science Source and iStock. Author photograph courtesy Patrick Greene.
First Published in English by Rockridge Press, an imprint of Callisto Media, Inc.
All rights reserved.
Korean translation rights © 2022 by FEELBOOKS
Korean translation rights are arranged with Callisto Media Inc. through AMO Agency Korea.

이 책의 한국어판 저작권은 AMO 에이전시를 통해 저작권자와 독점 계약한 느낌있는책에 있습니다. 저작권법에 의해 한국 내에서 보호를 받는 저작물이므로 무단 전재와 무단 복제를 금합니다.

아홉 살에 처음 만나는
지구 마을 대표 동물들

초판 1쇄 인쇄일 | 2022년 1월 20일   초판 1쇄 발행일 | 2022년 1월 25일

지은이 | 마이클 A. 디스페지오
옮긴이 | 김완교
펴낸이 | 강창용
기획편집 | 신선숙
디 자 인 | 가혜순
책임영업 | 최대현

펴낸곳 | 하늘을 나는 코끼리
출판등록 | 1998년 5월 16일 제10-1588
주 소 | 경기도 고양시 일산동구 중앙로 1233(현대타운빌) 302호
전 화 | (代)031-932-7474
팩 스 | 031-932-5962
이메일 | feelbooks@naver.com
포스트 | http://post.naver.com/feelbooksplus

ISBN 979-11-6195-168-3   73490

* 책값은 뒤표지에 있습니다.   * 잘못된 책은 구입처에서 교환해 드립니다.

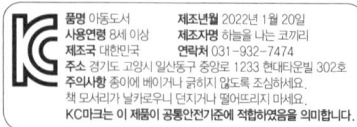

 하늘을 나는 코끼리는 느낌있는책의 어린이책 브랜드입니다.

아홉 살에 처음 만나는
지구 마을 대표 동물들

마이클 A. 디스페지오 지음
김완교 옮김

차례

지구 마을 대표 동물을 찾아서 … 6

생태계 … 11

아시아 … 15

유럽 … 31

아프리카 … 43

북아메리카 … 55

남아메리카 … 67

오스트레일리아 ··· 79

남극 ··· 89

대양 ··· 95

용어 사전 ··· 107

찾아보기 ··· 108

지구 마을 대표 동물을 찾아서

여러분! 지구 마을 대표 동물을 찾아 탐험을 떠날 준비가 됐나요? 대표 동물들이 사는 곳은 지도에 표시되어 있어요. 따라서 지도를 잘 읽을 수 있다면 큰 도움이 되겠지요? 자, 그럼 출발할까요?

지도를 잘 읽기 위해 미리 알아 두세요

지도에는 여러 가지 기호를 사용해요. 기호는 다른 무언가를 상징하는 그림이에요.

〰〰 이 기호는 산이에요. 지도에 이 기호가 있으면 그 자리에 산이 있다는 뜻이죠. 색깔은 주변 자연환경을 나타내요. 흰색은 얼음으로 뒤덮여 있다는 뜻이에요. 연녹색은 초원이고 짙은 녹색은 숲을 나타내죠. 짙은 황색은 사막처럼 메마른 지역이에요.

지도에는 이름표도 있어요. ▭ 이름표에는 **산맥***이나 바다 같은 지역 이름이 적혀 있어요.

관심 있는 곳을 먼저 찾아가세요

이 책에는 많은 지도가 등장해요. 바로 지구 마을 대표 동물들이 사는 곳을 알려 주는 지도이지요. 여러분은 지도에서 동물들이 사는 곳을 확인한 후 동물들의 놀라운 이야기를 만나 볼 수 있답니다.

다른 책들과 달리 이 책은 순서대로 읽지 않아도 돼요. 탐험하고 싶은 지역이 있는 쪽으로 가서 읽어도 된답니다. 지구상 어느 곳이라도 말이죠!

가끔 어려운 낱말이 나올 거예요. * 표시가 붙은 낱말이라면 107쪽 용어 사전에서 뜻을 알아볼 수 있어요.

찾고 싶은 동물이 있다면 '찾아보기'에서 확인하세요. 찾아보기는 이 책 맨 끝에 있답니다. 찾아보기에는 이 책에 실린 동물들이 차례대로 나와 있어요. 그리고 기억하세요. 많은 동물이 한 지역에서만 살지는 않는답니다.

 사막 초원

 숲  만년설

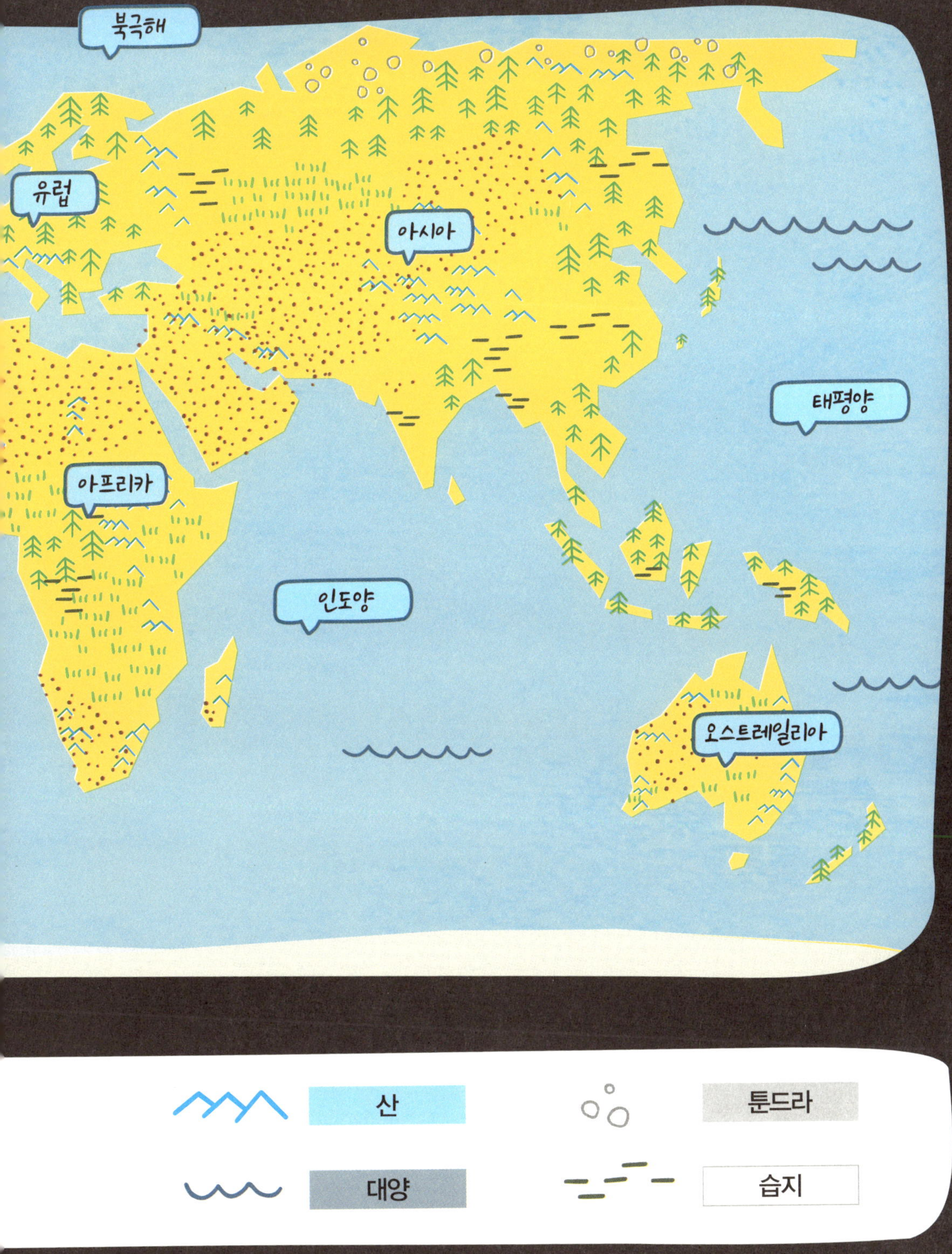
북극해
유럽
아시아
태평양
아프리카
인도양
오스트레일리아
산
툰드라
대양
습지

생태계

모든 동물은 먹이와 보금자리가 필요해요.
이러한 필요조건들을 채워주는 곳을 **생태계***라 불러요.
생태계는 동물이 사는 자연환경을 뜻해요.
생태계는 저마다 다른 동물들과 식물들은 물론
날씨나 땅과 같이 생물이 아닌 것들도 아우른답니다.
생태계는 여러 종류가 있고 각자 다른 환경을
갖추고 있어요.

숲

모든 숲 생태계에는 나무들이 자라요. 눈으로 뒤덮인 '아한대' 숲에는 추운 날씨에도 잘 버틸 수 있는 동물과 식물들이 살아요. '열대우림' 지역은 비가 아주 많이 내린답니다.
나무가 듬성듬성 넓게 퍼진 숲은 '삼림지대'라고도 불러요.

사막

모든 사막 생태계에는 비나 눈이 아주 적게 내려요. 더운 기후*를 가진 지역에 있는 사막은 메마른 흙이나 모래로 뒤덮여 있어요.
추운 기후를 가진 지역에 있는 사막에는 눈과 얼음이 펼쳐져 있죠.

초원

초원 생태계는 풀과 키가 작은 식물들로 덮여 있어요. 평평한 지형은 평야 혹은 평원이라고 부르는데, 보통 너른 풀밭이 펼쳐져 있답니다.

습지

습지 생태계는 땅과 물이 만나는 곳에서 볼 수 있어요.
바닷물로 된 해수 습지는 해안*에 있고 민물로 된 담수 습지는 호숫가와 강가에 생겨나요.

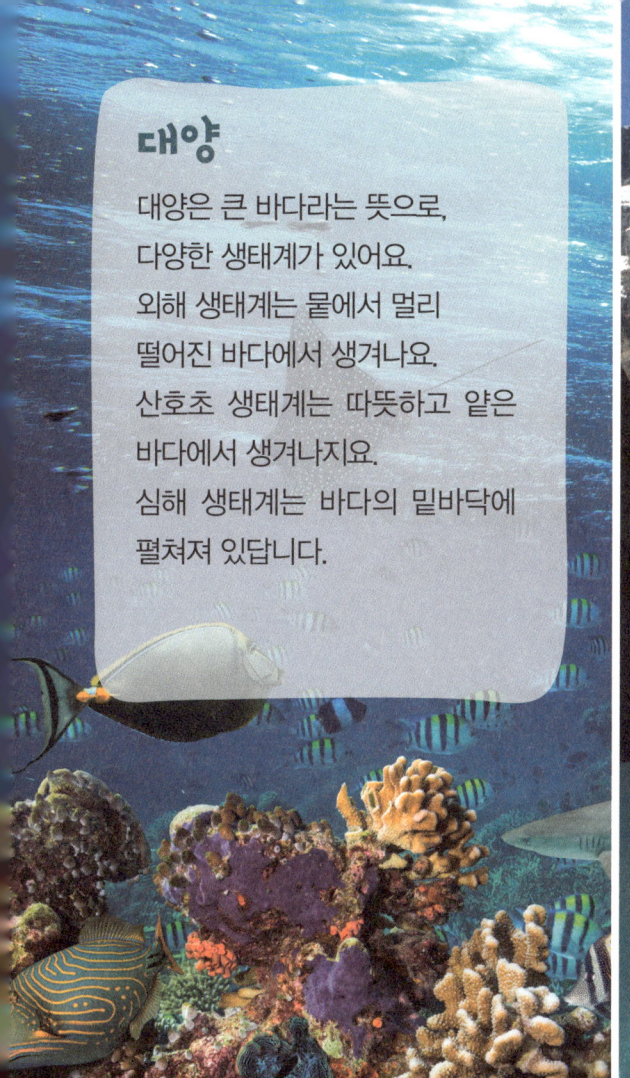

대양

대양은 큰 바다라는 뜻으로, 다양한 생태계가 있어요.
외해 생태계는 뭍에서 멀리 떨어진 바다에서 생겨나요.
산호초 생태계는 따뜻하고 얕은 바다에서 생겨나지요.
심해 생태계는 바다의 밑바닥에 펼쳐져 있답니다.

산

산지의 생태계는 높이에 따라 풍경이 달라진답니다.
바위로 이루어진 산꼭대기는 식물이 거의 없고 추운 곳이에요.
나무들은 좀 더 따뜻한 산자락에서 자라지요.
산의 평평한 부분에서는 호수를 볼 수도 있어요.

툰드라

툰드라 생태계는 산꼭대기와 남극, 북극 지방처럼 매우 추운 곳에서 볼 수 있어요.
툰드라에는 몇몇 식물과 동물들만이 살아요.

아시아

아시아는 세계에서 가장 큰 **대륙***이에요.
아시아 대륙은 북극해, 태평양, 인도양 등 세 개의 대양과
맞닿아 있어요. 서쪽으로는 유럽 대륙과 이어지고
서아시아를 거쳐 아프리카 대륙과도 연결되지요.
히말라야산맥은 세계에서 가장 높은 산맥으로,
아시아에 있어요. 가장 높은 산은 에베레스트산이에요.
아시아에는 사막도 있어요.
가장 큰 사막은 러시아 극지방 북쪽 맨 끝에 있어요.
그보다 따뜻한 기후의 사막은 서아시아에 있고
아라비아사막이라고 해요.
아시아 대륙 대부분은 건조한 초원과 숲으로
뒤덮여 있어요.
좀 더 따뜻한 남쪽 지방에서는
열대우림을 흔히 볼 수 있답니다.

이곳을 상징하는 다섯 동물

아시아 편

시베리아호랑이

호랑이는 정말 큰 고양이에요. 가장 큰 시베리아호랑이는 고양이 40마리보다 더 무겁답니다! 줄무늬는 몸을 숨기고 먹잇감에 몰래 다가가는 데 도움이 되지요.

킹코브라

맹독*을 지닌 코브라는 인도와 동남아시아에서 볼 수 있어요. 코브라는 보통 몸길이가 3미터를 넘는답니다. 크기도 클 뿐만 아니라 몸에 지닌 독도 강력해서 코끼리도 물어 죽일 수 있죠!

공작

공작은 화려한 깃털로 유명해요.
수컷 공작은 꼬리 깃털을 펴서
짝을 꾀는데, 깃털에는 눈 모양의
무늬가 있어요. 꼬리 깃털에 눈 무늬가
몇 개나 있을까요?
공작은 자동차 경적 같은 소리로
신호를 주고받아요.

자이언트판다

이 곰은 아시아의 높은 벌판에 자리한
숲에서 살아요. 검고 하얀 무늬로
판다를 쉽게 구분할 수 있죠.
판다가 가장 좋아하는 먹이는
대나무에요.
대나무는 어떤 맛이 날까요?

누에

누에는 누에나방의 애벌레랍니다.
누에는 비단 실을 뿜어내 고치를 만들죠.
고치에서 비단 실을 뽑아내면
아름다운 비단을 짤 수 있어요.
고치 안에서 누에는 누에나방으로
변한답니다.

한반도

한반도는 대부분 숲과 산맥인 지역으로 초원도 간간이 볼 수 있어요.
사계절이 뚜렷하고 여름에는 비가 한꺼번에 많이 내리는 때가 있는데, 이를 장마*라고 해요.
이곳 동물들은 덥고 추운 기후에 모두 적응*해야 했답니다.

반달곰

아시아흑곰이라고도 부르는 이 곰은 한국, 중국 북동쪽, 러시아에서 볼 수 있어요.
덩치는 불곰의 절반 정도죠.
가슴에 있는 흰 무늬를 보면 왜 반달곰이라 부르는지 알겠죠?

고라니

맹수처럼 기다란 송곳니가 나 있지만 이 사슴도 초식동물이에요.
고라니는 전 세계에서 한반도에서만 흔히 볼 수 있는 동물이에요.
울음소리도 특이해서 마치 아저씨가 소리를 지르는 것 같답니다.

상괭이

쇠물돼지, 혹은 해돈어라 부르는
이 돌고래는 웃는 얼굴이 귀여워서
웃는 돌고래라고도 해요.
상괭이는 아시아 지역의 얕은 바다에서
살아요. 크기는 사람만 하고, 가끔은
강의 상류까지 올라오기도 해요.

삵

살쾡이 혹은 산고양이라고 부르는
이 고양이는 몸에 여러 무늬가 있어요.
머리에는 긴 줄무늬가 있고,
몸에는 점박이 무늬, 꼬리에도 줄무늬가
있어요. 삵은 아시아 지역에서 두루
볼 수 있답니다.

붉은머리오목눈이

뱁새라고도 부르는 이 귀여운 새는
'뱁새가 황새 쫓다 가랑이 찢어진다.'
라는 속담의 주인공이에요.
붉은머리오목눈이는 이름도, 생김새도
다른 오목눈이과* 새와 비슷하지만
사실 서로 다른 종*이랍니다.

북부 지역

아시아의 북부 지역에는 눈 덮인 숲이 펼쳐져 있어요.
북쪽으로 더 가면 훨씬 추워지고 비도 적게 내려요.
이러한 조건들이 날씨가 춥고 차가운 사막을 만들었어요.

북극여우

북극여우는 두꺼운 털가죽을 입고 있어요. 겨울에는 털이 흰색이 되고 여름에는 갈색이나 회색이 되죠. 왜 그럴까요?
힌트: 계절에 따라 북극의 땅은 어떻게 변할까요?

시베리아철갑상어

철갑상어는 주변에서 볼 수 있는 평범한 물고기가 아니에요.
몸에 갑옷 같은 딱딱한 판을 두르고 있지요.
양식장에서 기르는 철갑상어의 알은 캐비어라는 특별한 음식이 된답니다.

눈올빼미

이 거대한 올빼미는 아시아, 유럽, 북아메리카의 북쪽에서 볼 수 있어요. 깃털은 대부분 흰색이지요. 부리에도 작은 깃털이 있는데, 이 깃털에 어떤 물체가 닿으면 바로 알아차릴 수 있대요.

다람쥐

다른 다람쥐들처럼 이 다람쥐도 등을 따라 줄무늬가 있어요.
볼 안에는 주머니도 있지요. 다람쥐는 먹이 주머니에 잣이나 밤 같은 먹이를 담아서 다녀요.
꼭 장바구니 같죠?

바이칼물범

다른 물범과 달리 이 **포유류***는 짠 바닷물에서 살지 않아요. 세계에서 가장 큰 민물호수인 바이칼호수에서 살지요. 그래서 바이칼물범이라는 이름이 붙었답니다.

초원과 산맥

중앙아시아 대부분을 뒤덮고 있는 생태계는 바로 초원이에요.
여름에는 덥고 겨울에는 춥지요.
아시아에는 커다란 산맥도 여러 개 있어요.
이렇게 다양한 생태계에서 서로 다른 동물들이 산답니다.

야크

야크는 긴 털로 뒤덮여 있어요.
이 덩치 크고 강한 동물은 추운 곳에서도 잘 살아가요.
주로 중앙아시아의 고원 사막이나 산맥에서 볼 수 있지요.

몽골야생마

수백 년 전 유럽인들이 아메리카 대륙으로 향했을 때 들에서 사는 말들을 데려갔어요.
이런 야생마들은 아시아에서 왔답니다.

눈표범

눈표범은 중앙아시아와 남아시아의 산맥에서 볼 수 있어요.
두꺼운 회색 털가죽에는 검은 점박이 무늬가 있지요.
눈표범은 양과 산양 같은 사냥감을 가장 좋아한답니다.

레드판다

레드판다는 대부분 나무 위에서 생활해요. 레드판다의 얼굴에는 적갈색 바탕에 흰색 무늬 털이 나 있답니다.
털이 복슬복슬한 꼬리는 균형을 잡는 데 도움을 주지요.
레드판다는 레시판다라고도 불러요.

쌍봉낙타

이 동물은 이름처럼 등에 혹이 두 개 있어요. 길고 덥수룩한 털은 추위를 막아 주지요.
오랜 옛날부터 물건을 실어 나르는 데 쌍봉낙타를 사용했답니다.

남아시아

히말라야산맥 이남부터 근처의 다른 산맥까지를 남아시아라고 해요. 과학자들은 인도 아대륙이라고 부르기도 해요.
따뜻한 날씨에 비까지 많이 내려서 열대우림이 생기기 아주 적당한 지역이죠.

사자꼬리원숭이

사자꼬리원숭이는 사자 같은 꼬리를 지닌 원숭이이에요.
꼬리 끝에 달린 술을 보세요.
사자꼬리원숭이는 머리에도 덥수룩한 털이 나 있어요.
사자 갈기와 비슷해 보이죠?

큰코뿔새

이 거대한 새는 과일을 먹고 살아요.
인도와 동남아시아에서 볼 수 있지요.
기다란 부리는 마치 바나나같이 생겼답니다.
다른 새와 다르게 큰코뿔새의 부리는 아래쪽으로 많이 휘어 있어요.

아틀라스나방

이 나방은 세계에서 가장 큰 곤충 가운데 하나예요. 날개 끝부터 끝까지 25센티미터에 이른답니다.
다 자란 아틀라스나방은 먹이를 먹지 않아요. 대신 애벌레 때 몸속에 저장해 둔 먹이로 살아가지요.

몽구스

인도와 서아시아에서 볼 수 있는 몽구스는 고양이의 먼 친척이에요. 주로 숲에서 살아가지요.
몽구스는 뱀이 지닌 맹독을 이겨낼 수 있어서, 독사를 잡아먹고 사는 것으로 유명해요.

천산갑

천산갑은 개미핥기의 친척으로 아시아와 아프리카에서 볼 수 있어요. 몸은 단단한 비늘*로 덮여 있지요. 누가 건드리면 몸을 둥글게 말아서 자신을 보호한답니다. 몸을 말아서 어떻게 자신을 보호할 수 있을까요?

동남아시아

지도를 보면 덥고 습한 이 지역에는 섬이 많다는 사실을 알 수 있어요. 섬 대부분은 정글이라고도 부르는 울창한 열대우림으로 뒤덮여 있지요.

코모도도마뱀

이 도마뱀은 입에서 불을 뿜지는 않지만 괴물같이 커요!
가장 큰 수컷 코모도도마뱀은 몸무게가 136킬로그램 이상 나가고 몸길이는 3미터가 넘어요!

오랑우탄

'숲의 사람'이란 뜻을 가진 오랑우탄은 열대우림의 나무 위에서 살아요.
몸에는 주홍색 털이 덥수룩하게 나 있고 아주 똑똑하죠.
몇몇 오랑우탄은 간단한 도구도 만들 줄 알아요!

긴코원숭이

이 원숭이는 주로 나무 위에서 생활해요. 짝을 찾을 때나 다른 긴코원숭이에게 위험을 알릴 때 기다란 코로 큰 소리를 낸답니다.

필리핀독수리

필리핀독수리는 한때 '원숭이잡이독수리'라 불렸어요. 원숭이를 잡아먹는 건 사실이지만 다른 먹이도 먹어요.
이제는 이름에 고향인 필리핀이 붙었답니다.

망둑어

다른 물고기와 다르게 망둑어는 땅에서도 살 수 있어요. 망둑어에게는 물 밖에서도 살 수 있는 특별한 방법이 있는데, 바로 개구리처럼 피부로 호흡하는 거예요. 망둑어는 지느러미로 갯벌을 미끄러지듯 이동할 수 있답니다.

서아시아

이 지역에서는 초원과 숲을 흔히 볼 수 있어요.
하지만 남쪽으로 내려가면 비가 많이 오지 않는답니다.
그래서 남쪽에는 메마른 사막이 자리하죠.

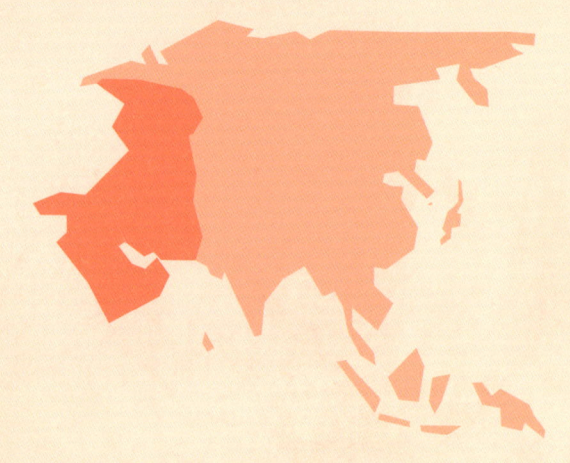

햄스터

햄스터는 작고 털이 복슬복슬한 설치류*예요. 모든 반려 햄스터 종류는 한 햄스터과에서 나왔다는 사실을 아나요? 1930년대에 시리아에서 최초로 야생 햄스터에게 먹이를 주어 길렀답니다.

모래고양이

일반적인 고양이보다 작은 이 동물은 아시아와 아프리카 지역의 사막에 살아요. 낮에는 땅굴에서 더위를 피하고 밤이 되면 사냥을 하러 나오죠.

큰코영양

큰코영양은 서아시아 초원에서 볼 수 있어요. 다른 영양처럼 큰코영양도 빨리 달릴 수 있답니다.
냄새를 아주 잘 맡는데, 이름처럼 길고 넓은 코 때문에 그렇겠죠?

황금자칼

자칼은 개의 친척으로, 작은 늑대와 비슷하게 생겼어요.
자칼은 다양한 동물을 사냥하지만 풀도 먹어요.
황금자칼은 사막이나 건조한 초원에서 산답니다.

흰목대머리수리

다른 대머리수리와 마찬가지로 이 새도 청소부동물이에요. 청소부동물은 죽은 동물의 몸뚱이를 먹고살죠. 대머리수리들은 눈이 정말 좋답니다. 그래서 멀리 떨어진 죽은 동물도 금방 찾아낼 수 있어요!

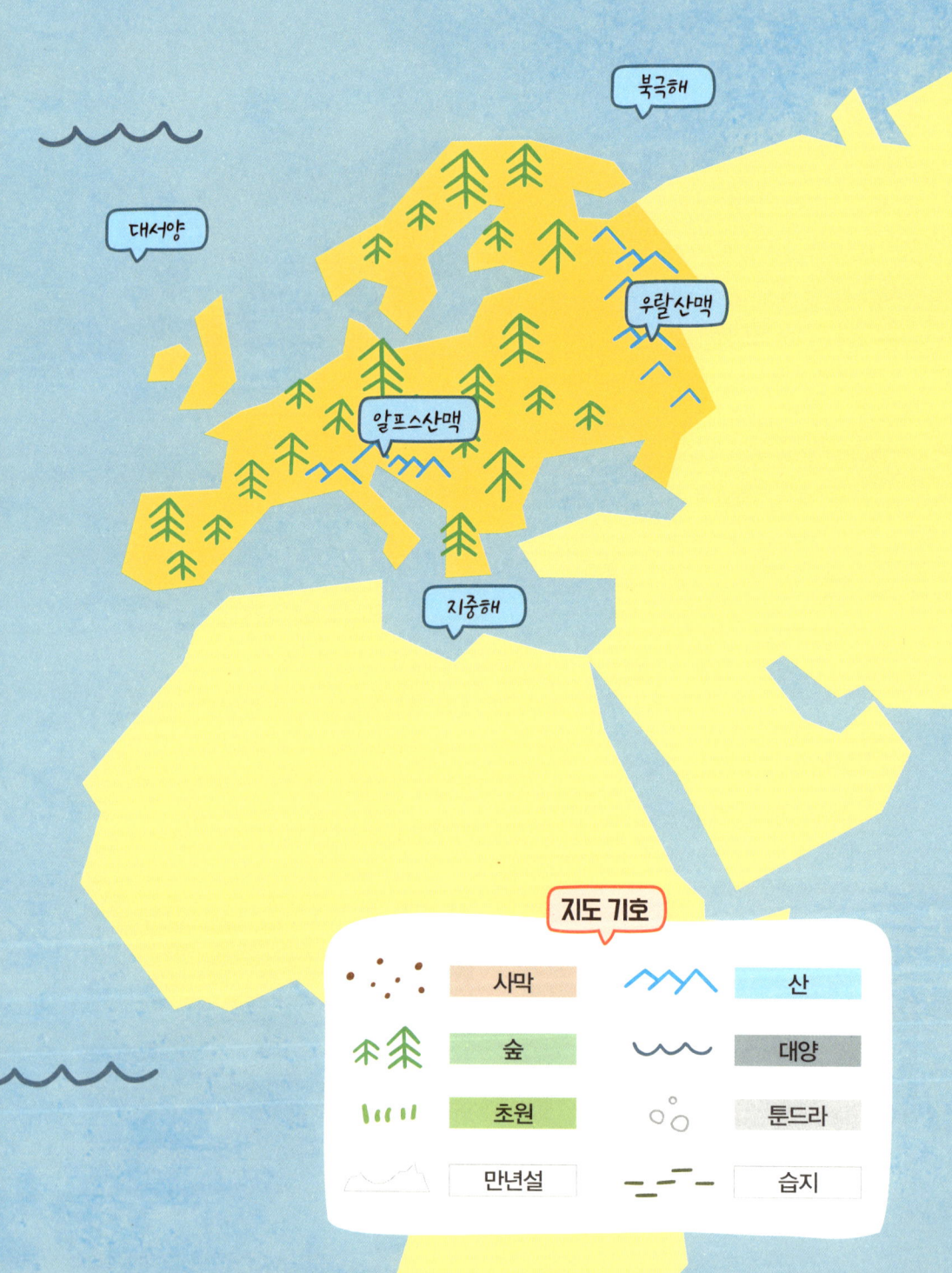

유럽

유럽은 여섯 번째로 큰 대륙으로,
대서양과 북극해 두 대양과 이웃해 있어요.
유럽 대륙의 남쪽 해안은 지중해와 닿아 있죠.
동쪽으로는 아시아 대륙과 연결돼요.
유럽 생태계 대부분은 숲이에요.
하지만 기후가 따뜻한 남쪽은 키 큰 나무가 더 적은 대신
키 작은 나무가 많이 자라죠.
유럽에도 산맥이 몇 개 있어요.
가장 높은 산맥은 알프스산맥으로,
여덟 나라에 걸쳐 자리한답니다.

이곳을 상징하는 다섯 동물

유럽 편

야생멧돼지

특이하게 생긴 이 동물은 머리가 아주 커서 몸길이의 3분의 1을 차지해요. 멧돼지는 엄니라고 부르는 커다란 이빨이 4개 있어요.

백황새

백황새는 커다란 새로, 먼 거리를 날 수 있어요. 유럽에서 새끼를 낳지만 아프리카에서 겨울을 보내요. 이렇게 긴 거리를 여행하는 행동을 철새의 이동이라 부르죠. 한국에서도 황새를 볼 수 있었지만 지금은 거의 멸종되었어요.

붉은여우

이 커다란 여우는 유럽, 아시아, 북아메리카에서 볼 수 있어요. 주로 쥐 같은 설치류를 사냥해요. 붉은여우는 사람이 놓은 덫을 알아보고 먹이만 빼먹기도 해요. 그래서 '여우처럼 약았다'라는 말이 나왔답니다.

알프스마못

다람쥣과에 속하는 마못은 알프스산맥 같은 산에서 살아요. 겨울이 오면 마못은 굴로 들어가 깊은 잠에 빠지는데, 이를 겨울잠이라고 해요.

유럽고슴도치

유럽고슴도치는 야생에서뿐만 아니라 뒷마당에서도 볼 수 있어요. 누군가 건드리면 동그랗게 몸을 말고 등을 뒤덮은 날카로운 가시들로 몸을 보호하죠.

북부 지역

러시아에 가로막혀 유럽 본토와 이어지지 않은 유럽 북부 지역은 대서양과 북극해 두 대양과 이웃해 있어요. 눈 덮인 아한대* 숲은 추운 겨울 날씨를 견딜 수 있는 보금자리를 마련해 주지요. 일부 지역은 너무 추워서 키 큰 나무나 키 작은 나무가 자라지 못해요.

코뿔바다오리

코뿔바다오리는 작은 새로, 물속에 잠수할 수 있어요.
많은 수가 무리 지어 살고 주로 절벽에서 볼 수 있지요.
코뿔바다오리는 밝은색의 큰 부리로 물고기를 잡아먹는답니다.

바다코끼리

이 해양 포유류는 북극 지방에 살아요. 바다코끼리는 거대한 이빨이 두 개 있는데, 엄니라고 부른답니다.
이 엄니를 써서 물 밖으로 나와 얼음 위를 기어 올라가죠. 바다코끼리 얼굴에는 아주 긴 수염도 나 있어요.

순록

순록은 북극 지방에서 사는 커다란 사슴이에요.
미국에서는 카리부라고 부르기도 하죠.
순록은 수컷과 암컷 모두 뿔이 나요.
순록의 뿔은 매년 빠지고 새로 자라나길 반복해요.

스라소니

이 야생 고양이는 유럽과 아시아에서 볼 수 있어요.
추운 삼림지대와 산을 좋아하죠.
스라소니는 유럽에서 가장 큰 포식자* 중 하나인데, 주로 사슴이나 작은 포유류를 사냥해요.

울버린

울버린은 강하고 사나운 동물이에요.
작은 곰처럼 생긴 울버린은 두꺼운 털로 덮여 있어서 겨울을 따뜻하게 보내죠.
울버린은 유럽, 아시아, 북아메리카의 북극 지방에서 살아요.

숲과 산맥

유럽에는 숲이 많아요.
어떤 숲은 언덕이나 비탈진 곳에도
있답니다. 가파른 산자락에
숲이 자리하기도 해요.
하지만 높은 산꼭대기에는
나무들이 자라지 않아요.
너무 춥거든요.

스페인아이벡스

이 야생 염소는 스페인 동부 산맥에서
살아요. 수컷은 암컷보다 뿔이 훨씬
길지요. 염소의 뿔은 사슴뿔처럼
매년 빠지고 새로 자라나지는 않아요.

불곰

이 커다란 포유류는 유럽과 아시아
전 지역에서 볼 수 있어요.
불곰은 육식이지만 야생에선 대부분
풀을 뜯어 먹고 살아요.
불곰도 다른 곰처럼 냄새를 아주 잘
맡는답니다.

검독수리

성질이 사나운 이 동물은 주로 지구상의 북쪽 지역에 살아요.
수리과에서 가장 큰 수리 중 하나로, 날개 너비가 2.3미터를 넘는답니다.
여러분의 양팔도 그렇게 긴가요?

샤모아

농장에서 키우는 염소와 가까운 종인 샤모아는 산을 능숙하게 탈 수 있어요. 다 자란 샤모아는 머리에 뒤쪽으로 굽은 짧은 뿔이 나 있지요. 샤모아는 높이 뛸 수 있어서 여러분 집 부엌에 있는 냉장고도 뛰어넘을 수 있답니다.

긴털족제비

긴털족제비는 얇고 긴 몸을 가진, 족제비의 친척이에요.
페럿을 본 적 있나요? 페럿은 사람에게 잘 길든 긴털족제비랍니다.
그래서 반려동물로 키우는 사람들도 있어요.

남부 지역

유럽 남부 지역은 기후가 따뜻하고 온화하지요.
여름에는 건조하지만 겨울에 비가 많이 온답니다.
남부 전 지역에서 나무와 풀을 볼 수 있어요.

유럽오소리

유럽오소리는 유럽 전 지역에서 살아요. 땅을 잘 파는 오소리는 낮 동안 땅굴 속에서 지내고 밤에 나와 활동한답니다. 그리고 온갖 작은 동물들을 먹고 살아요.

동굴영원

이 동물의 머리를 자세히 보세요. 뭔가 있어야 하는데 없지 않나요? 영원은 눈이 없어요. 아주 깜깜한 동굴 속 생활에 적응하느라 그렇게 됐어요.

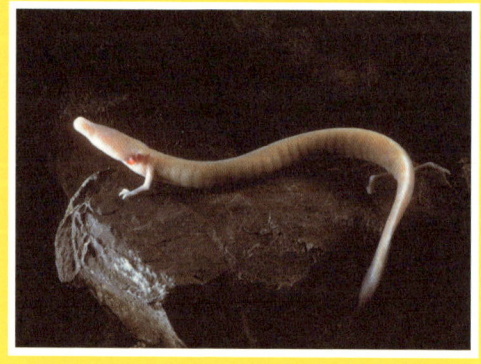

지중해육지거북

육지거북은 땅에서만 사는 거북이에요.
느릿하게 움직이는 이 거북은 껍질을 벗어버릴 수 없어요.
단단한 껍질이 갈비뼈와 등뼈에 붙어 있거든요.

오색딱따구리

숲에서 사는 이 새는 유럽과 아시아 지역에서 두루 볼 수 있어요.
딱따구리는 강한 부리로 나무를 쪼아 구멍을 내고 끈적한 혀로 구멍 안에 있는 벌레를 잡아먹어요.

호저

호저는 산미치광이라고 부르기도 해요.
호저의 등은 크고 날카로운 가시로 뒤덮여 있어서 포식자로부터 몸을 보호한답니다. 그렇다고 괴물처럼 날카로운 가시를 쏘지는 못해요.
포식자도 조심하지 않으면 입안이 가시투성이가 되고 말겠죠?

삼림지대와 초원

삼림지대에는 숲처럼 나무가 많이 자라요. 삼림지대는 나무들이 듬성듬성 넓게 퍼져 있어서 햇볕이 더 많이 들어오지요.
초원에는 키 큰 나무 대신 키 작은 나무들이 자라기도 해요.

겨울잠쥐

겨울잠쥐는 동면쥐라고도 해요. 주머니에 쏙 들어갈 크기의 포유류로, 유럽, 아시아, 아프리카에서 볼 수 있죠. 나무를 잘 타고 나무가 우거진 숲에서 산답니다. 이 작은 설치류는 털로 덮인 긴 꼬리가 있어요.

까치

까치는 긴 꼬리를 가진 까마귓과 새로, 유럽과 아시아에서 두루 볼 수 있어요. 눈에 띄는 깃털을 두르고 있고, 큰소리로 '깍깍' 하고 운답니다. 우리나라에서는 행운을 가져다주는 새로 알려져 있어요.

수달

물족제비라고도 부르는 수달은 강둑이나 나무가 우거진 강가에서 살아요. 수달은 수영하는 데 많은 시간을 보내요. 먹이로는 물고기를 가장 좋아하지요. 수달의 발에 달린 물갈퀴는 살아가는 데 어떤 도움이 될까요?

느시

'큰 새'라고 하면 어떤 새를 생각하나요? 어쩌면 느시를 떠올려야 할지도 모르겠어요. 들칠면조라고도 부르는 느시는 날 수 있는 새 중 몸무게가 많이 나가는 편이랍니다. 어린아이보다 더 무거운 녀석도 있어요.

북살모사

북살모사는 유럽과 아시아 지역에서 살아요. 살모사는 길고 속이 빈 독니를 갖고 있어요. 먹잇감을 사냥할 때 독니로 물어 독을 온몸에 퍼뜨린답니다.

아프리카

아프리카는 두 번째로 큰 대륙이에요.
대서양과 인도양, 두 대양과 이웃해 있지요.
북쪽 해안은 지중해와 닿아 있어요.
아프리카 대륙 북부에는 커다란 사막이 펼쳐져 있는데,
사하라사막이라 불러요.
아프리카 대륙 대부분은 이 사막의 남쪽에 있어요.
그 때문에 '사하라사막 이남 아프리카'라 불리죠.
아프리카에서는 열대우림을 흔히 볼 수 있어요.
콩고분지는 세계에서 두 번째로 큰 열대우림으로,
아프리카 한가운데 자리한답니다.
아프리카에는 사바나라고 부르는 커다란 초원도 있어요.

이곳을 상징하는 다섯 동물

아프리카 편

아프리카코끼리

아프리카코끼리는 세계에서 가장 큰 육지 동물이에요. 수컷과 암컷 모두 두 개의 커다란 이빨이 있는데, 이를 상아라고 해요. 코끼리의 코와 윗입술이 합쳐져서 긴 코가 되었답니다.

기린

기린은 모든 동물 중 키가 가장 커요. 어떤 기린은 2층 건물만큼 키가 크답니다. 기린은 목이 이렇게 길지만, 사람과 목뼈 수는 같아요. 어떻게 이럴 수 있을까요?

흰코뿔소

코뿔소는 커다란 동물이에요. 육지에 사는 동물 중에서는 코끼리 다음으로 크죠. 이름과 달리 흰코뿔소의 몸 색깔은 회색이에요. 코뿔소 코에는 뿔이 두 개 있는데, 평생 쉬지 않고 자라난답니다.

사자

대형 고양잇과 동물인 사자는 아프리카 초원에서 사냥을 하지요. 사자는 강하고 빨라서 사냥감을 쫓을 때 시속 80킬로미터까지 달릴 수 있어요! 수컷 사자는 텁수룩한 갈기로 구분할 수 있어요.

얼룩말

얼룩말은 몸에 검은색과 흰색 줄무늬가 있는 말이에요. 한때 과학자들은 얼룩말의 무늬가 몸을 숨기기 위해 생겼다고 했지만, 이제는 파리를 쫓기 위한 무늬라고 생각한대요.

사하라사막

사하라사막은 세계에서 가장 큰 사막이에요. 사하라사막에는 커다란 모래 언덕들이 있고 거대한 모래 폭풍이 불죠. 한낮 기온은 섭씨 40도를 넘지만 밤에는 영하로 떨어져요.

아닥스

이 하얀 영양은 사하라사막 토박이랍니다. 하지만 이제 야생에서 사는 아닥스는 드물어요. 나사뿔영양이라고도 부르는데, 그 이유가 무엇일까요?

단봉낙타

단봉낙타는 낙타 중에서 키가 가장 커요. 단봉낙타는 다른 낙타들과 달리 등에 혹이 하나밖에 없어요. 등에 난 혹에는 지방이 들어 있어서 필요할 때 쓸 수 있는 에너지를 저장하죠.

네발가락뛰는쥐

긴 다리와 커다란 귀를 가진 쥐를 상상해 보세요.
그게 바로 네발가락뛰는쥐랍니다.
이 설치류는 사막을 깡충깡충 뛰어다녀요. 생김새를 보면 알 수 있듯이 귀도 매우 밝답니다.

왕쇠똥구리

왕쇠똥구리는 똥을 먹고 사는 쇠똥구리의 한 종류로, 사막에서 살아요. 왕쇠똥구리는 고대 이집트가 무대인 영화에 등장하기도 했어요.
고대 이집트인들은 이 곤충의 모양을 딴 장신구를 만들기도 했답니다.

북아프리카타조

이 크고 날지 못하는 새는 사막과 초원에서 살아요. 붉은목타조라고도 부르죠. 타조는 먹이를 먹을 때 씨앗, 풀, 작은 돌멩이를 같이 삼켜요.
돌멩이는 뱃속에서 질긴 풀을 으깨는 데 도움을 준답니다.

47

초원

아프리카의 열대초원지대를 사바나라고 불러요.
대부분 풀로 뒤덮여 있지만 키 작은 나무들과 꽃도 자라요. 어떤 풀들은 어른 키보다 높게 자라기도 한답니다!
이런 풀들은 동물들에게 어떤 도움을 줄까요?

톰슨가젤

이 호리호리한 가젤은 영양의 일종이에요. 톰슨가젤은 발이 빨라서 시속 80킬로미터까지 달릴 수 있어요. 좌우로 번갈아 가며 뛰어서 포식자가 잡기도 어렵죠.

점박이하이에나

하이에나는 개와 비슷하게 생겼지만 사실은 고양잇과 동물이에요. 크고 강한 턱으로 먹잇감의 뼈도 부술 수 있답니다.
점박이하이에나는 종종 사람 웃음소리와 비슷한 소리를 내기도 해요.

아프리카물소

힘이 센 이 동물은 아시아물소와 친척이에요. 하지만 한 번도 가축으로 사용된 적이 없죠. 그리고 아프리카에서 가장 위험한 동물 중 하나랍니다. 너무 가까이 다가가지 마세요! 아프리카물소는 사람보다 빨리 뛸 수 있거든요.

하마

하마는 그리스어로 '강에서 사는 말'이란 뜻에서 생긴 이름이에요. 순하게 생겼지만 사납고 빨라서 위험한 동물이랍니다. 하마와 가장 가까운 종은 고래예요. 하마와 고래는 어떤 점이 닮았을까요?

치타

커다란 고양이처럼 보이는 치타는 몸에 노란색 바탕에 검은 점박이 무늬가 있어요. 치타는 시속 100킬로미터로 뛸 수 있어서 육지 동물 중 가장 빠르답니다! 치타가 가장 좋아하는 먹잇감은 영양이에요.

열대우림

중앙아프리카의 열대우림은 덥고 습한 곳이에요.
높다란 나무들이 잎을 드리워 햇볕을 가리죠.
큰 나무들의 가지는 다양한 동물들의 보금자리가 된답니다.

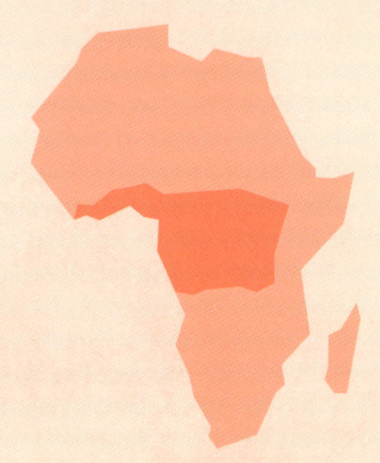

오카피

이 동물은 얼룩말 같은 줄무늬가 있지만 기린과에 속해요.
숲기린이라고도 알려진 오카피는 목이 짧아서 땅에 가까운 식물만 먹고 산답니다.

개코원숭이

개코원숭이는 원숭이 중에서 가장 커요.
그리고 색깔도 제일 화려하죠.
입술과 코는 빨간색이고 주둥이* 양옆으로 파란색과 보라색 털이 나 있어요.
수염은 무슨 색일까요?

사향고양이

사향고양이는 고양이의 먼 친척이에요.
사향고양이의 몸은 길고 날씬하죠.
꼬리도 길어요. 털에는 점박이 무늬와
줄무늬에 띠무늬까지 있어요.
사향고양이는 나무도 아주 잘 탈 수 있고
아프리카의 많은 지역에서 볼 수 있어요.

침팬지

침팬지는 아프리카에서만 살아요.
그리고 숲과 초원의 삶에 적응했죠.
침팬지도 다른 영장류처럼 지능이
매우 높답니다.
침팬지도 놀 때 웃는다는 사실
알고 있었나요?

산악고릴라

이 덩치 큰 유인원은 가장 똑똑한 동물 중
하나랍니다. 놀랍게도 도구를 만들어
사용할 줄 알죠.
동물원이나 연구실에 있는 고릴라들은
말 대신 손을 이용해 뜻을 전하는 법을
배우기도 해요.

남부 지역과 마다가스카르섬

아프리카 남부 지역은 대부분 초원과 사막으로 이루어져 있어요. 아프리카 대륙 오른쪽에는 커다란 섬이 하나 있는데, 마다가스카르섬이라고 하죠. 이 섬 이름을 들어 본 적 있나요? 마다가스카르섬에는 신기하고 특이한 동물들이 아주 많답니다.

미어캣

이 작고 호리호리해 보이는 동물은 독이 있는 전갈을 사냥해요.
미어캣은 같은 무리끼리 집단을 이루어 살아요.
미어캣은 아프리카와 아시아에서 볼 수 있답니다.

혹멧돼지

이 동물은 멧돼지의 일종으로, 아프리카의 많은 지역에서 볼 수 있어요. 커다란 머리에는 길고 두꺼운 주둥이도 달려 있어요.
혹멧돼지는 위를 향해 자라나는 초승달 모양 엄니가 4개나 있어요.

아이아이

아이아이는 여우원숭이라는 포유류의 일종이에요. 여우원숭이는 마다가스카르섬에서 볼 수 있죠. 다른 여우원숭이들과 마찬가지로 아이아이도 나무 위에서 생활해요. 아주 길고 얇은 손가락으로 유명하죠.

알락꼬리여우원숭이

이 여우원숭이는 몸집이 고양이 정도 크기예요. 다 자란 알락꼬리원숭이는 줄무늬가 있는 긴 꼬리와 노란 눈이 특징이랍니다. 알락꼬리여우원숭이는 가장 흔한 여우원숭이 종이고, 무리 지어 옮겨 다녀요.

파슨카멜레온

카멜레온은 대부분 몸의 색을 바꿀 수 있고 꼬리로 나뭇가지를 쥘 수 있어요. 카멜레온은 두 눈을 따로 움직일 수 있답니다. 파슨카멜레온은 마다가스카르섬에서만 살고 카멜레온 중에서 가장 무거운 종이에요.

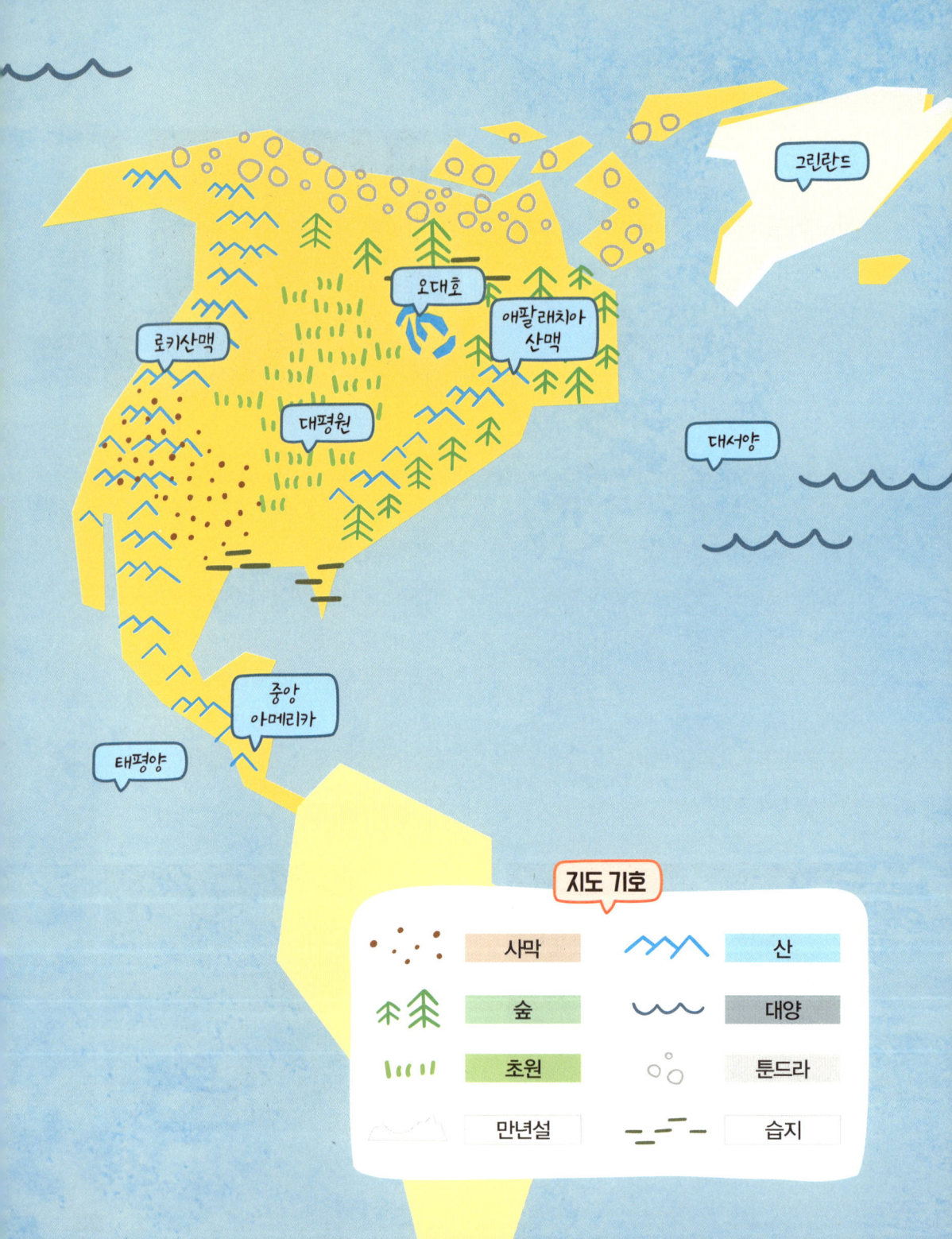

북아메리카

북아메리카는 세 번째로 큰 대륙으로, 세 대양과 맞닿아 있어요.
그리고 다른 대륙인 남아메리카와 연결되지요. 북아메리카와
남아메리카를 연결하는 지역을 중앙아메리카라고 해요.
북아메리카에는 많은 강과 오대호라 부르는
커다란 호수 다섯 개가 자리해요.
북아메리카 북쪽 끝에 있는 북극 지방은 기후가 매우 추워요.
이곳에는 아주 적은 수의 동물들만이 살고 땅도 대부분 얼어
있어요. 북극 지방에서 남쪽으로 내려갈수록 날씨가 따뜻해지고
넓은 숲도 볼 수 있답니다.
동부 해안에는 호수, 습지, 삼림지대와 같은 다양한 생태계가
펼쳐져요. 게다가 큰 산맥도 하나 솟아 있어요.
이 산맥을 애팔래치아산맥이라고 불러요.
서부에도 여러 산맥이 있어요. 그중 가장 큰 산맥은 로키산맥이에요.
그리고 미국의 남서부와 멕시코에서는 사막을 흔하게 볼 수 있답니다.
북아메리카 대륙 한가운데는 넓고 평탄한 지역이에요.
이곳은 대평원이라고 부르는데, 대부분 초원이랍니다.

이곳을 상징하는 다섯 동물

북아메리카 편

흰머리수리

이 거대한 새는 이름처럼 머리 주변이 흰 깃털로 덮여 있어요. 미국 지폐에 그려져 있는 흰머리수리를 찾아보세요. 이 새는 미국을 상징하는 나라 새랍니다.

아메리카물소

아메리카물소는 북아메리카에서 가장 큰 육지 동물로 바이슨이라고도 불러요. 한때 수많은 아메리카물소 떼가 초원을 돌아다니기도 했어요.

제왕나비

북아메리카에서 흔하게 볼 수 있는 이 곤충은 매년 수천 킬로미터를 날아다닌답니다. 다른 나비들처럼 제왕나비도 애벌레에서 번데기가 된 후 나비로 변해요. 들판이나 마당에서도 제왕나비를 볼 수 있죠.

회색곰

회색곰은 가장 덩치가 큰 육지 포식자 동물 중 하나예요. 뒷발로 일어서면 키가 2.4미터나 되요. 앞발에 달린 발톱은 여러분의 손가락만큼 기니까 조심하세요!

아메리카악어

악어는 강력한 포식자로 습지에서 살아요. 먹이가 될 만한 온갖 종류의 동물을 사냥하죠. 심지어 사람도 공격해요!

북부 지역

이 지역의 북쪽 끝에는 북극해가 있고
그 가운데에 북극점이 있어요.
북극해 아래에는 툰드라와
북부 삼림지대가 펼쳐져요.
이곳에 사는 동물들은 추운 날씨에
적응해야만 했어요. 그래서 두꺼운 털가죽을
지녔거나 겨울이 되면 남쪽으로 이동하기도 해요.

비버

복슬복슬한 이 생물은 물가에 살아요.
비버는 시냇물이나 강에 댐을
짓는답니다. 통나무와 진흙으로 만든
댐은 물의 흐름을 막게 되고,
그 결과, 비버들이 사는 작은 연못이
생겨나지요.

캐나다기러기

이 새는 머리와 목 주변에 검은색과
흰색 무늬가 있어요.
기러기는 떼를 지어 날아가며
자동차 경적 같은 소리를 내요.

연어

다 자란 연어는 바다에서 살아요.
알을 낳을 시기가 되면 연어는 강과 시냇물을 거슬러 올라가요.
새끼 연어는 알에서 태어나 다시 강을 따라 바다로 돌아간답니다.

말코손바닥사슴

말코손바닥사슴은 사슴과에서 가장 큰 동물이에요. 말코손바닥사슴은 무스라고도 불러요.
머리에는 크고 널찍한 뿔이 달려 있어서 수컷들은 싸울 때 서로를 뿔로 들이받아요.

늑대

유명한 포식자인 늑대는 개와 가까운 종이지만 보통 개보다는 덩치가 훨씬 큰 편이에요. 늑대는 가족들과 함께 무리 지어 사냥하고 울음소리로 신호를 주고받아요.

동부 삼림지대

수풀이 울창한 이 지역에서는 다양한 종류의 나무를 찾아볼 수 있어요. 가을이 되면 몇몇 나무들은 나뭇잎 색이 변하기도 하고, 어떤 나무들은 사계절 내내 푸른 잎을 자랑하기도 하죠. 동물들에게 나무가 필요한 이유는 무엇일까요?

흰꼬리사슴

사슴은 활발하지만 조심성이 많은 동물로, 북아메리카 곳곳에서 찾아볼 수 있어요. 사슴은 겁을 먹으면 꼬리를 들어 짧게 흔들어요. 이 행동으로 다른 사슴들에게 위험을 알리죠.

큰어치

이 커다란 새는 어찌나 열심히 지저귀는지 시끄러울 때도 있어요. 머리와 날개의 깃털은 파란색이죠. 숲에서 사는 동물이지만 마당이나 공원에서도 살 수 있게 적응했답니다.

주머니쥐

작은 개 정도 크기인 주머니쥐는 나무를 능숙하게 탈 수 있어요.
새끼 주머니쥐는 아주 작아서 많이 돌봐야 해요. 주머니쥐는 포식자를 속이기 위해 죽은 척한답니다.

동부회색청설모

청설모는 숲, 마당, 공원에서 흔하게 볼 수 있어요. 나무를 잘 타고 나무 속에 둥지를 짓고 살죠.
땅 위로 내려오면 작은 구멍을 파서 먹이를 묻어 두곤 해요.

아메리카너구리

라쿤이라고도 부르는 이 영리한 동물은 숲이나 땅 위에서 살아요.
눈 주변에는 검은색 무늬가 있죠.
아메리카너구리는 앞발을 손처럼 쓸 수 있답니다.

산맥과 평야

서부의 로키산맥은 하늘 높이 솟아 있어서 산 정상이 얼음과 눈으로 덮여 있어요.
산맥의 동쪽은 북아메리카 대륙의 중부 지역으로, 대평원이 펼쳐지죠. 이 평평한 초원을 프레리라고 불러요.

퓨마

쿠거 또는 산사자라고도 부르는 퓨마는 빠르고 교활한 포식자로, 보통 사슴을 사냥하고 살아요.
다른 대형 고양잇과 동물과 달리 퓨마는 크게 울부짖지는 못하지만 대신 큰소리로 으르렁거리지요.

프레리도그

청설모의 친척인 이 동물은 대가족을 이루고 서로 가까운 곳에 굴을 파서 마을을 이루고 살아요.
두려움을 느끼면 강아지처럼 짖어댄답니다.

줄무늬스컹크

이 동물은 등에 있는 흰 줄무늬로 구별할 수 있어요. 스컹크는 특별한 무기를 숨기고 있답니다. 흥분하거나 두려움을 느끼면 고약한 냄새가 나는 액체를 뿜어대요.

코요테

개와 비슷한 코요테는 북아메리카 곳곳에서 찾아볼 수 있고 영리한 동물이에요. 밤에는 울음소리로 서로 신호를 주고받지요.

큰뿔양

커다란 뿔이 달린 이 동물은 산을 능숙하게 탈 수 있어요. 짝짓기철이 되면 수컷들은 서로 머리를 들이받으며 싸워요. 그 소리가 어찌나 큰지 멀리서도 들을 수 있답니다!

북아메리카의 남서부와 중앙아메리카

이 지역의 북쪽은 덥고 메마른 사막이에요. 동물들은 뜨거운 기온을 피해 구멍 속이나 그늘에서 살아가요. 중앙아메리카에는 비가 많이 내려서 정글이라 부르는 열대우림이 생겨났어요. 이곳에서는 많은 동물이 덥고 습한 곳에서 살 수 있도록 적응했답니다.

방울뱀

이 뱀은 꼬리 끝에 방울이 달려 있어요. 방울뱀은 꼬리의 방울을 흔들어 다른 동물들이 다가오지 못하게 하죠. 방울뱀은 입으로 물어 공격하는데, 이때 이빨로 강력한 맹독을 퍼뜨려요.

전갈

전갈은 거미처럼 다리가 여덟 개예요. 그리고 꼬리 끝에는 독침이 달려 있지요. 이 독침으로 위험한 맹독을 퍼뜨릴 수 있어요.

길달리기새

이 새는 날 수 있지만 땅 위에서 사는 걸 좋아해서 주로 걷거나 달리죠. 속도도 빨라서 사람보다 빨리 뛸 수 있어요. 준비, 시~작! 달려요!

나무늘보

느릿하게 움직이는 이 동물은 열대우림의 나무 꼭대기에서 살아간답니다. 긴 발톱을 이용해 나무에 오르고 거꾸로 매달려 있지요. 어떤 나무늘보는 털이 나뭇잎과 같은 녹색이에요!

타란툴라

타란툴라는 커다란 거미예요. 다른 거미처럼 다리가 여덟 개지만 거미줄로 집을 만들지는 않아요. 대신 땅속에 굴을 파고 살죠.

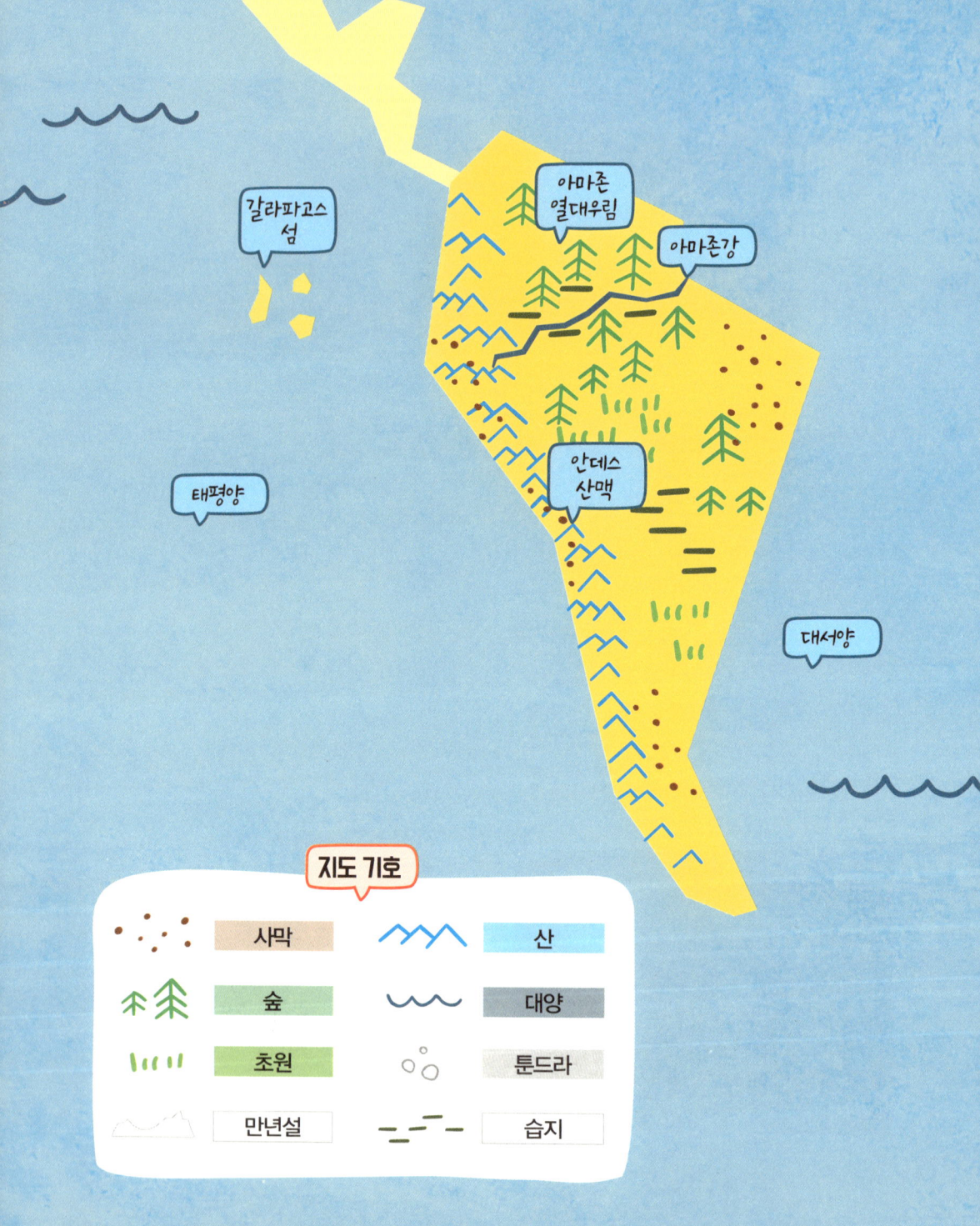

남아메리카

남아메리카는 네 번째로 큰 대륙이고
대서양, 태평양과 맞닿아 있어요.
세계에서 가장 긴 산맥이 남아메리카에 있어요.
이름은 안데스산맥으로, 남아메리카 대륙의 서쪽을 따라
길게 뻗어 있답니다. 안데스산맥에는 사막, 숲, 추운 산등성이와
같은 여러 생태계가 있어요.
아마존강은 남아메리카에서 가장 긴 강이에요.
남아메리카 대륙의 가장 넓은 부분을 따라 흐르죠.
아마존강이 흐르는 지역은 대부분 평평한데,
이곳을 아마존 유역이라고 불러요.
아마 아마존 열대우림에 대해 들어봤을 거예요.
모든 열대우림이 그렇듯 높이 솟은 나무들이 햇볕을 가려
어두운 데다 비가 자주 내리죠. 그래서 수많은 동식물이 사는 습한
지역이 되었답니다.
갈라파고스섬은 남아메리카 대륙의 서쪽에 있어요.
홀로 떨어진 아주 외딴 곳이죠. 이 섬에는 희한하고 신기하게 생긴
동물들이 많이 있어요.

이곳을 상징하는 다섯 동물

남아메리카 편

라마

라마는 낙타과 동물이에요. 한때는 야생 라마들이 안데스산맥에서 살았지만, 이제는 주로 농장에서 볼 수 있답니다.
라마는 침을 뱉으니까 조심하세요!

독화살개구리

이 작은 동물은 열대우림에서 살아요. 독화살개구리의 밝은 피부색은 눈에 잘 띄지만, 피부에 독이 있다는 걸 알리는 신호이기도 해요.
옛날 사람들은 이 개구리의 독으로 사람을 위험에 빠트릴 만큼 강한 무기를 만들었어요.

짖는원숭이

여러분은 얼마나 크게 소리 지를 수 있나요? 아마 이 원숭이만큼 크게는 못 지를걸요? 짖는원숭이는 목소리가 우렁차지만, 나무 꼭대기에서는 우아하게 움직일 수 있어요. 나뭇가지를 잡을 때 손과 발은 물론 꼬리까지 사용하죠!

바다이구아나

공룡이 살던 시대에서 막 튀어나왔을 법한 이 동물은 갈라파고스섬에서만 살아요. 사납게 생겼지만 주로 해초를 뜯어 먹죠. 코끝에서 꼬리까지의 몸길이가 140센티미터 넘게 자라기도 한답니다.

재규어

아메리카 대륙에서 가장 큰 고양잇과 동물인 재규어의 몸에는 점박이 무늬가 있어요. 재규어는 몰래 사냥감을 덮치는 포식자랍니다. 고대 마야 문명과 아스테카 문명의 신화에 자주 등장하지요.

북부 지역

이 지역에는 숲과 습지가 있어요. 울창한 열대우림을 보통 밀림 혹은 정글이라고 불러요. 온갖 종류의 동물들이 밀림에서 산답니다. 습지에도 새와 물고기 같은 많은 동물이 살고 있어요.

꼬리감는원숭이

이 작은 원숭이는 장난기가 많고 영리해요. 텔레비전 프로그램에서 주인공으로 나오기도 했어요! 숲에서 사는 이 원숭이는 카푸친원숭이라고도 해요. 카푸친수도회의 수도복과 비슷하다고 해서 그런 이름이 붙었어요.

큰개미핥기

개미핥기는 몸길이가 2.1미터 이상 자라기도 해요. 기다란 주둥이와 덥수룩한 꼬리를 지니고 있지요. 긴 발톱으로 개미나 흰개미의 둥지를 파내고 길고 끈적한 혀로 개미를 후루룩 빨아들인답니다.

아르마딜로

이 동물은 독특한 겉껍질이 있어요. 부드러운 피부나 털가죽 대신 단단한 뼈로 된 등판과 비늘로 덮혀 있지요. 이 단단한 갑옷으로 적으로부터 몸을 지킨답니다.

플라밍고

습지에서 사는 이 새는 긴 다리와 목을 사용해 얕은 물에 서서 작은 동물들을 잡아먹고 살아요.
깃털은 분홍색인데 플라밍고가 잡아먹는 작은 새우가 분홍색이라서 이런 색이 되었답니다.

매너티

매너티는 바다에 사는 포유류예요. 몸속에 따뜻한 피가 흐르고 새끼에게 젖을 물리죠.
매너티는 해안가의 얕은 물에서 살아요. 느릿느릿 천천히 움직이며 식물을 먹는답니다.

아마존 열대우림

아마존 숲은 세계에서 가장 큰 열대우림이에요.
어찌나 큰지 아홉 개 나라에 걸쳐 뻗어 나가죠!
전 세계의 수많은 생물 종 대부분을 여기서 찾아볼 수 있어요.

카피바라

카피바라는 세계에서 가장 큰 설치류예요. 다른 설치류와 마찬가지로 카피바라의 앞니 두 개는 쉬지 않고 계속 자라난답니다.
기록에 나타난 가장 큰 카피바라는 몸무게가 90킬로그램이나 됐어요!

피라냐

이 민물고기는 강과 호수에서 살아요. 사나운 포식자로 알려진 피라냐는 강한 턱과 날카로운 이빨을 가졌어요. 하지만 우리 생각과 달리 동물과 식물을 모두 먹는답니다.

남아메리카맥

이상하게 생긴 이 짐승은 근육질로 된 코를 달고 있어요.
코와 윗입술이 합쳐져 있는데, 코끼리의 코와 같은 역할을 하지요.
코로 나뭇잎을 따서 입으로 가져가 먹을 수 있답니다.

녹색이구아나

열대 지방에서 흔히 볼 수 있는 도마뱀으로, 몸이 건조한 비늘로 뒤덮여 있어요. 나이를 먹어갈수록 녹색이 줄어들어서 늙은 수컷들의 벼슬은 보통 주황색이 된답니다.

금강앵무

온몸에 밝은색 깃털이 나 있는 이 새는 앵무새의 한 종류랍니다.
금강앵무는 크고 강한 부리로 땅콩 같은 견과류를 까먹거나 나무를 탈 수 있죠. 다른 앵무새처럼 소리나 사람 말을 흉내 낼 수도 있어요.

안데스산맥

안데스산맥에는 호수, 숲, 초원과 같은 다양한 생태계가 있어요. 안데스산맥의 서쪽에는 길고 평평한 사막도 있답니다.

알파카

알파카는 라마와 가까운 종이랍니다. 둘을 어떻게 구분하냐고요? 알파카는 덩치가 훨씬 작고 털이 무척 좋아서 양털처럼 천을 짜는 데 사용해요.

안데스콘도르

안데스산맥을 올려다보면 그 위로 이 새가 날아가는 모습을 볼 수 있을지도 몰라요. 대머리수리의 일종인 콘도르는 세계에서 가장 큰 새 중 하나랍니다. 다른 대머리수리가 그렇듯 콘도르도 죽은 동물의 몸뚱이를 먹고 살아요.

기니피그

기니피그가 남아메리카 출신이란 사실 알고 있었나요? 이 작고 복슬복슬하게 생긴 동물은 쥐나 햄스터처럼 반려동물로 인기가 많아요. 하지만 시끄러운 소리를 내기도 한답니다. 찍찍거리거나 꽥하고 소리를 지르는 등 온갖 소리를 내지요.

안데스여우

쿨페오라고도 부르는 이 동물은 다른 여우들과 가까운 종이 아니에요. 오히려 늑대에 가깝죠. 작은 개보다 덩치가 조금 큰 안데스여우는 주로 토끼나 쥐를 사냥한답니다.

친칠라

친칠라는 몸집이 청설모와 비슷해요. 친칠라의 털은 벨벳과 같이 부드러워서 모직 천을 만들 때 아주 중요한 역할을 하기도 해요. 그래서 사람들이 너무 많이 잡아들인 탓에 야생 친칠라가 하마터면 멸종할 뻔하기도 했어요.

중부와 남부 지역

남아메리카의 남부와 중부 지역 대부분은 초원이에요. 이곳의 기후는 온화해서 너무 덥거나 춥지 않아요. 해안 지대에는 펭귄이나 바다사자 같은 동물들이 살지요. 이 동물들은 바닷가의 삶에 적응해서 물고기를 잡아먹고 산답니다.

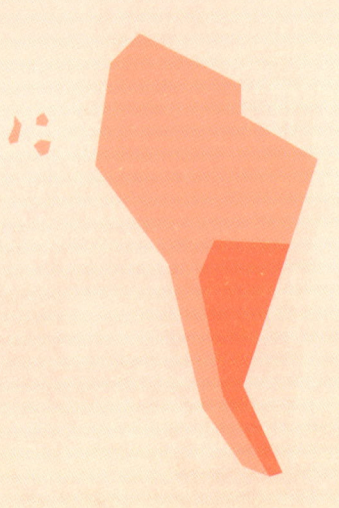

레아

레아는 날지 못하는 커다란 새랍니다. 타조와 가까운 종이지요. 서로 닮은 점이 보이나요? 다 자란 레아는 사람보다 키가 훨씬 커요!

바다사자

바다사자는 바닷가에 살고 새끼를 낳아 젖을 먹여 키워요. 긴 앞다리는 사실 지느러미랍니다. 바다사자는 강한 지느러미로 바위를 타고 올라갈 수 있지요. 물론 수영할 때도 쓸모가 많아요.

마젤란펭귄

다른 펭귄들처럼 이 새도 날지 못해요. 그 대신 바닷속 생활은 매우 잘한답니다. 깃털은 방수가 되고 날개는 물갈퀴 역할을 하지요. 부드러운 몸 덕분에 물속에서 쉽고 빠르게 움직일 수 있답니다.

파타고니아마라

파타고니아마라는 토끼처럼 생겼지만 기니피그와 더 가까운 종이에요.
마라는 사막에서 살지만 키 작은 나무가 우거진 지역에서도 살아요.
키 작은 나무는 파타고니아마라가 살아가는 데 어떤 도움을 줄까요?

남방푸두

이 사슴은 덩치가 작은 개보다 조금 큰 정도예요.
남방푸두는 안데스산맥에서 살죠.
아기 푸두 몸에는 흰색 점박이 무늬가 있는데, 나이를 먹을수록 옅어져요.

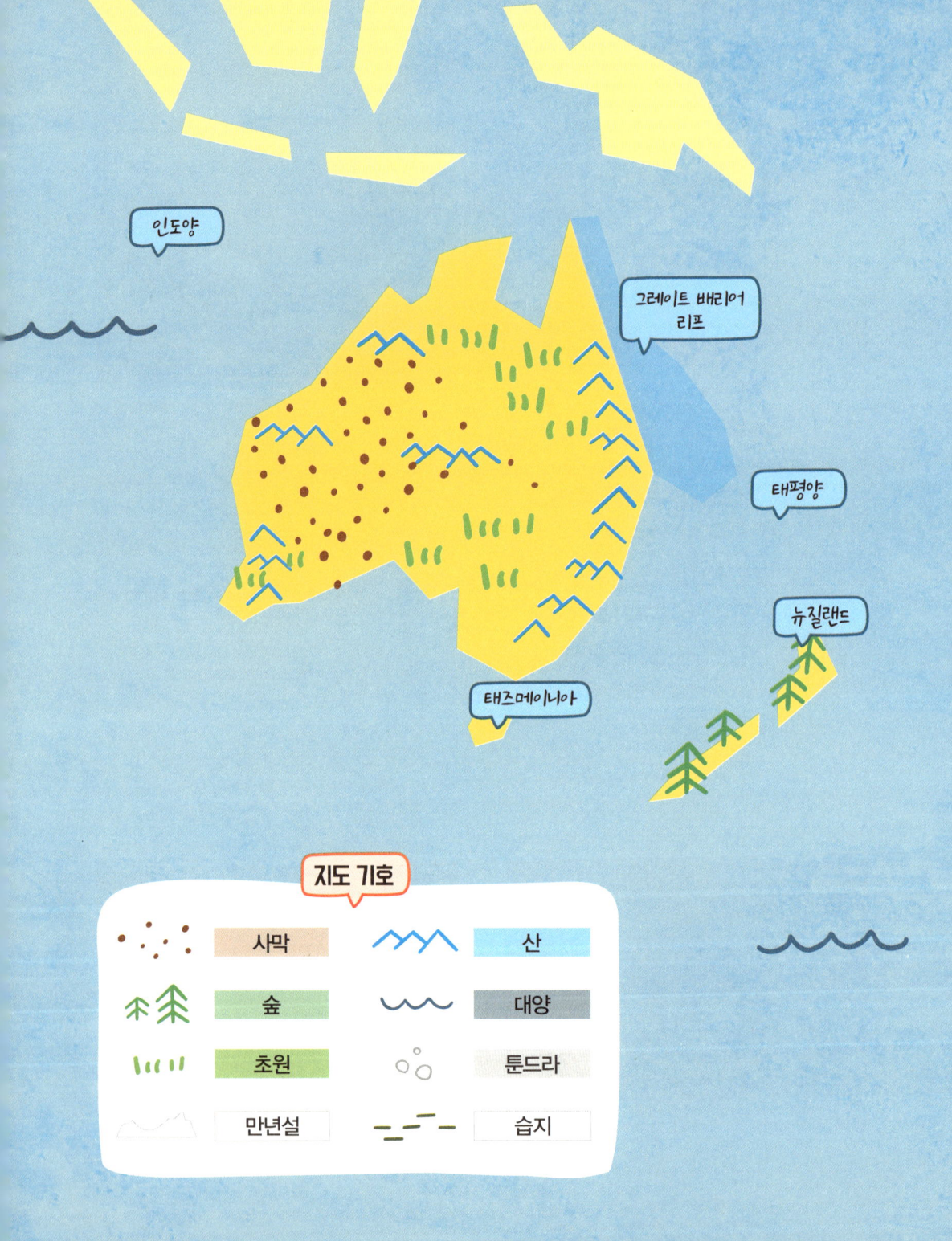

오스트레일리아

오스트레일리아는 호주라고도 불리는 아주 큰 섬이에요.
태평양과 인도양 두 대양에 둘러싸여 있죠.
또한 세계에서 가장 작은 대륙이기도 해요.
오스트레일리아는 다른 대륙과 연결되어 있지 않고
홀로 떨어져 있어요.
그래서 호주에 사는 많은 종류의 동물들이 보존되어,
이곳에서만 볼 수 있는 특이한 동물들이 많아요.
오스트레일리아 대륙의 동물들은 캥거루나 코알라처럼
주머니가 있어요. 새로 태어난 새끼는 엄마의 주머니
속으로 기어들어 가서 스스로 보호할 수 있을 때까지
주머니 속에서 지낸답니다.

이곳을 상징하는 다섯 동물

오스트레일리아 편

붉은캥거루

붉은캥거루는 사람만큼 키가 커요.
하지만 막 태어났을 때는 작은
포도알만 하죠! 모든 캥거루는
힘이 강한 다리로 뛰어다니고,
높이 뛸 수도 있고,
발차기를 할 수도 있어요.

오리너구리

이 동물의 이름이 왜 오리너구리인지
알겠나요?
다른 포유류 대부분과 달리
오리너구리는 새끼를 낳지 않아요.
대신 알을 낳지요. 그리고 수컷의
뒷발에는 독가시가 있어서
위험할 수 있어요.

코알라

곰과 비슷해 보일지 몰라도 코알라는 곰이 아니에요. 코알라는 나무를 탈 수 있고 덩치가 작은 포유류예요. 배에는 주머니도 있죠. 코알라는 입맛이 까다롭기로 이름나 있어요. 유칼립투스 잎사귀 단 한 종류만 먹기 때문이에요.

태즈메이니아데블

이 포유류는 사나운 포식자로, 오스트레일리아 남쪽에 있는 태즈메이니아섬에서 살아요. 태즈메이니아데블도 배에 주머니가 있어요. 다 자란 태즈메이니아데블은 덩치 큰 캥거루도 사냥할 수 있어요.

웃음물총새

웃음물총새의 울음소리는 무척 시끄러운데, 사람이 웃는 소리와 닮았다고 해요. 웃음물총새의 울음소리가 '쿠카부라'처럼 들려서 쿠카부라라고도 부르죠.

사막과 초원

오스트레일리아의 가운데는 넓고 매우 건조한 지역이에요.
사막 생태계를 흔히 볼 수 있고 초원도 있지요.
도시와 떨어진 이 외진 지역을 아웃백이라 불러요.

딩고

딩고는 오스트레일리아 여러 지역에서 사는 들개예요. 무리 지어 돌아다니고 보통 캥거루를 사냥하죠.
들개라서 짖을 수 있지만 주로 으르렁거리거나 늑대처럼 울어요.

가시도마뱀

이 파충류는 오스트레일리아의 건조한 지역에서 살아요.
온몸이 날카롭고 뾰족한 가시와 비늘로 둘러싸여 있어서 다른 동물들로부터 몸을 보호할 수 있어요. 가시는 공기 중의 수분을 모으는 역할도 한답니다.

에뮤

아프리카에 타조가 있다면 오스트레일리아는 에뮤가 있어요. 농구선수처럼 키가 큰 에뮤는 날지 못한답니다. 대신 발이 무척 빨라서 시속 50킬로미터까지 달릴 수 있어요!

왈라비

오스트레일리아에서 두루 볼 수 있는 왈라비는 종류만 해도 30종이 돼요. 대부분은 친척인 캥거루와 비슷하게 생겼지만 왈라비가 더 작아요. 가장 작은 왈라비종은 집고양이와 크기가 비슷하답니다.

웜뱃

복슬복슬한 털옷을 입은 이 다부진 동물은 상당히 튼튼해요. 달려들어서 사람을 넘어뜨릴 수도 있어요! 코알라와 가까운 친척인 웜뱃도 배에 새끼를 넣고 다니는 주머니가 달렸어요.

숲과 해안

오스트레일리아에서 대부분의 숲은 바닷가에서 볼 수 있어요.
따뜻하고 습한 북쪽에는 열대우림이 자리해요.
바닷가에는 다양한 습지도 있지요.

목도리도마뱀

이 도마뱀은 작은 공룡처럼 생긴 파충류예요. 흥분하거나 겁을 먹으면 목도리 같은 비늘막을 펼치죠.

주머니개미핥기

이 젖먹이 동물은 커다란 청설모 정도 크기예요. 긴 주둥이로는 곤충을 잡아먹어요. 대부분 회색이나 갈색 털이 있고 등에는 흑백 줄무늬가 있어요.

바다악어

바다악어 수컷은 6미터가 넘게 자라요. 살아 있는 파충류 중 가장 큰 종이자 가장 위험한 파충류이기도 해요. 악어는 먹잇감이 나타나길 기다렸다가 가까이 다가오면 덮쳐서 사냥해요.

황금볏과일박쥐

이 박쥐는 날개 너비가 어른 키만큼 크답니다! 그래도 걱정하지 마세요. 이름처럼 대부분 과일을 먹는 박쥐니까요. 오스트레일리아, 아시아, 아프리카에서 여러 종의 과일박쥐를 볼 수 있어요.

바늘두더지

바늘두더지는 젖먹이 동물이지만 알을 낳아요. 이름과 달리 개미핥기처럼 끈적한 혀로 곤충을 잡아먹고 살죠. 등에 난 가시로는 몸을 보호한답니다. 게다가 오리너구리처럼 전기를 느낄 수 있대요!

그레이트 배리어 리프

그레이트 배리어 리프는 산호초예요.
생물과 무생물로 이루어져 있죠.
산호라고 부르는 작고 부드러운 동물들이
내뿜는 분비물이나 죽은 몸뚱이에
바위들이 생겨나고 그 위에서 동식물이
살아간답니다.

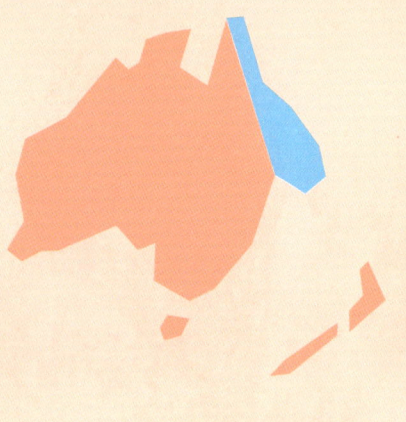

뇌산호

모든 산호가 그렇듯 뇌산호는
반은 생물이고 반은 무생물이에요.
작은 산호충들은 바닷속 바위
틈바구니에서 살아가죠.
이 산호는 사람의 뇌와 닮았다고 해서
뇌산호라는 이름이 붙었답니다.

흰동가리

이 화려한 색의 물고기는 말미잘이
지켜줘요. 말미잘의 촉수에는
가시 세포가 잔뜩 있지요.
포식자가 나타나면 흰동가리는
말미잘 촉수 사이로 숨는답니다.

파랑쥐치

이 산호초 물고기는 눈에 확 띄는 색을 가졌어요. 반대로 화려한 점박이 무늬는 주변 환경과 어우러져서 눈에 잘 안 뜨이게 되죠.
덕분에 포식자의 눈을 피할 수 있답니다.

비늘돔

비늘돔의 몸은 눈에 확 띄는 다양한 색으로 이루어져 있어요.
비늘돔은 부리처럼 생긴 입으로 산호를 뜯어먹고 살죠. 그래서 영어로는 앵무돔, 앵무고기라고 불러요.

악마불가사리

불가사리의 겉껍질은 꽤 딱딱하답니다. 악마불가사리는 산호를 먹고 사는데, 너무 많이 먹어서 산호초 생태계를 파괴할 정도예요.

87

남극

남극은 다섯 번째로 큰 대륙이에요.
세계지도 아래쪽에서 볼 수 있죠.
남극은 바다로 둘러싸여 있는데, 이를 남대양이라고
부르기도 해요. 남대양은 태평양, 인도양, 대서양 일부로
이루어져 있어요.
남극은 지구상에서 가장 추운 곳이에요.
남극 대륙 대부분은 얼음으로 덮여 있답니다.
어떤 곳은 얼음 두께가 3킬로미터나 되기도 해요!

이곳을 상징하는 다섯 동물
남극 편

황제펭귄

이 펭귄은 오로지 남극에서만 볼 수 있는데, 펭귄 중에서 가장 큰 크답니다. 다 자란 황제펭귄은 1.2미터가 넘기도 해요. 여러분 키와 비슷한가요? 겨울이 되면 알을 낳기 위해 먼 거리를 걸어서 이동한답니다.

얼룩무늬물범

얼룩무늬물범은 남극해를 떠다니는 얼음 위에서 살아요. 사나운 포식자라서 황제펭귄을 비롯한 온갖 동물을 사냥하죠. 물범은 바다표범이라고도 부르는데, 소리로 신호를 주고받는답니다.

크릴

크릴은 새우와 비슷하게 생긴 작은 동물이에요. 북극해와 남극해에서 볼 수 있어요. 크릴은 플랑크톤이라 부르는 생물 종에 속한답니다. 플랑크톤은 바닷물이 이동하는 대로 떠다니며 살아가요.

아델리펭귄

아델리펭귄은 남극에서 가장 흔히 볼 수 있는 펭귄이에요. 날지는 못하지만 물갈퀴 같은 날개를 이용해 물에서 땅으로 뛰어 올라올 수 있어요.

극제비갈매기

이 작은 새는 놀랍게도 남극과 북극 지방을 오고 가요. 몇몇 극제비갈매기는 8만 킬로미터 넘게 여행한답니다.

해안

해안에서 남극 동물 대부분을 볼 수 있어요. 일부는 몹시 추운 남극해 속에서 살아요. 다른 동물들은 얼음이나 바위 위에 보금자리를 마련해요. 많은 남극 동물들은 두꺼운 지방층이 있어서 체온을 유지하는 데 도움이 된답니다.

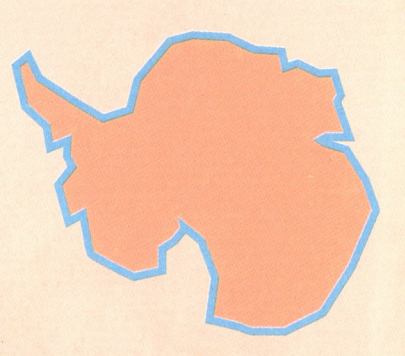

턱끈펭귄

이 펭귄의 턱에는 끈처럼 생긴 얇은 줄무늬가 있어요. 남극에서 흔히 볼 수 있는 이 펭귄은 작은 돌을 모아 둥지를 만든답니다.

큰바다거미

이상하게 생긴 이 동물은 땅 위에 사는 거미의 먼 친척으로, 전 세계 바다에서 살아요. 남극해에 사는 큰바다거미는 접시보다 크게 자라난답니다. 큰바다거미는 얇은 몸과 여덟 개의 얇고 긴 다리가 있어요.

남극빙어

특이하기로는 이 물고기를 따라갈 수 없지요. 남극빙어의 피는 빨간색이 아니라 흰색이에요. 다른 물고기와 달리 남극빙어는 비늘이 없답니다. 게다가 뼈가 투명하기까지 하죠.

남방코끼리물범

코끼리물범은 고래 다음으로 큰 해양 포유류예요. 코가 코끼리 코처럼 생겨서 이런 이름이 붙었어요. 이 코로 으르렁거리듯 큰 소리를 낸답니다.

흰바다제비

갈매기보다 약간 작은 이 동물은 몹시 추운 곳에서도 살아갈 수 있어요. 흰바다제비는 남극점에 가장 가까이 알을 낳는 새랍니다. 공격을 받으면 고약한 냄새가 나는 액체를 뱉어내요.

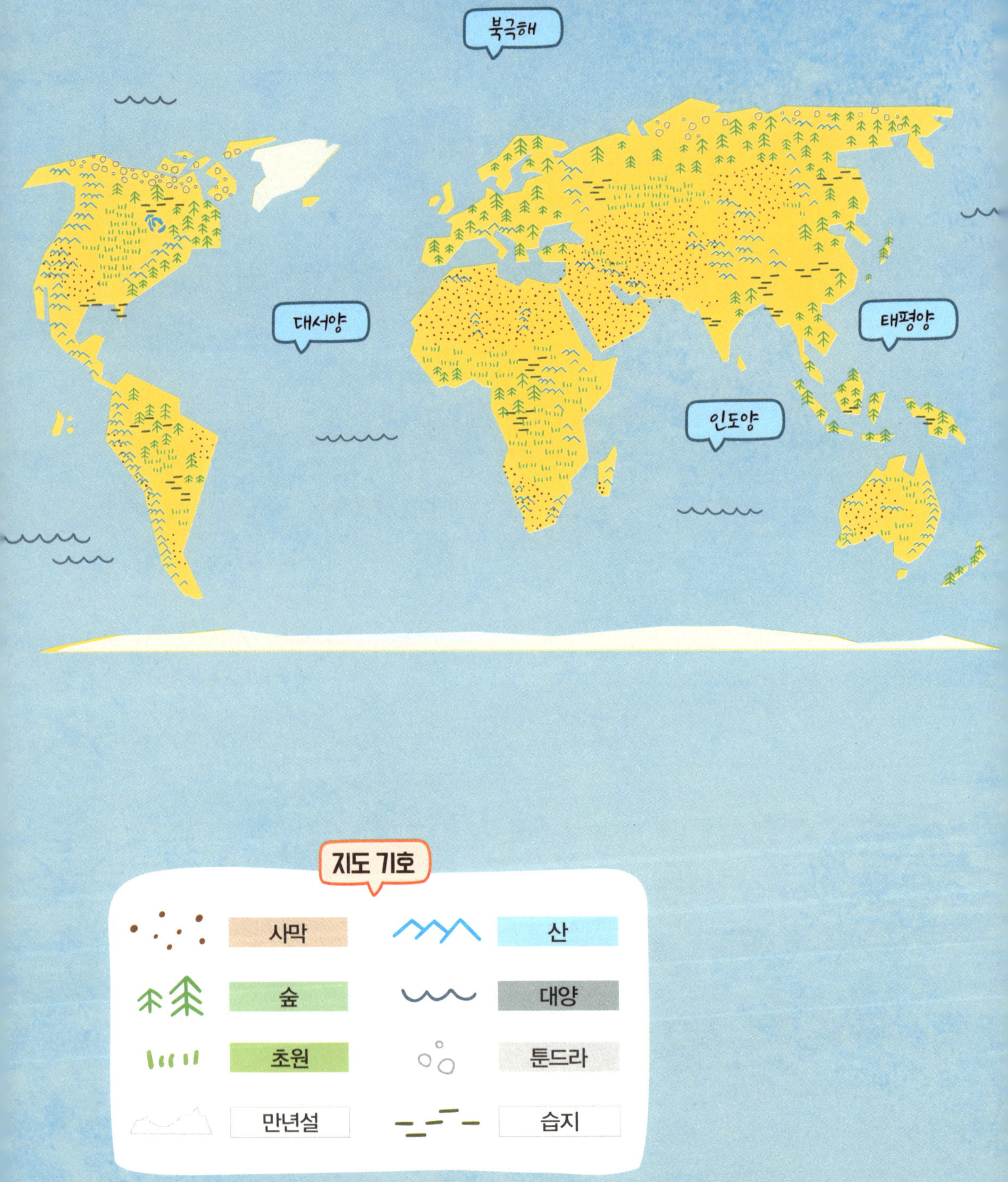

북극해

대서양

태평양

인도양

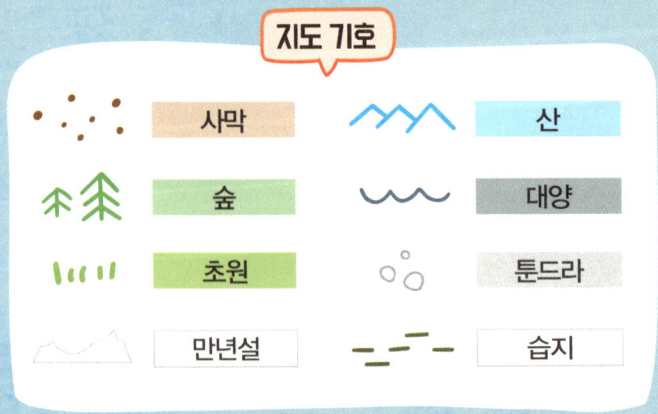

지도 기호

사막 | 산
숲 | 대양
초원 | 툰드라
만년설 | 습지

대양

지구 표면 4분의 1만이 육지로 되어 있고 나머지는 전부 물로 차 있어요.

지구상의 물은 대부분 짠물이죠. 물이 많이 모여 있는 거대한 곳을 대양이라 불러요.

짠물은 대부분 여기에 있어요. 가장 큰 대양 세 곳은 태평양, 대서양, 인도양이에요.

세상의 짠물은 대부분 이 세 바다에 있어요.

좀 더 작은 대양은 북극에 있는데, 북극해라고 불러요.

지도에서 볼 수 있듯 대양은 서로 연결되어 있어서 하나의 거대한 물이 돼요.

과학자들은 이를 세계 대양이라고 불러요.

이곳을 상징하는 다섯 동물

대양 편

다랑어

여러분도 참치를 먹어 본 적이 있을 거예요. 참치 통조림은 빠르게 헤엄치는 거대한 물고기인 다랑어 또는 참치라 부르는 물고기로 만들죠. 다랑어 종류만 12종이 넘는답니다.

혹등고래

혹등고래는 노래로 유명해요. 30분 가까이 노래를 부르기도 하죠. 실은 노래로 신호를 주고받는 거랍니다. 이 고래는 물 밖으로 튀어 오를 수도 있어요.

백상아리

이 사나운 포식자는 어른 키보다 3배나 더 크게 자라기도 해요. 백상아리는 물범과 고래를 비롯해 온갖 동물을 잡아먹죠. 심지어 사람을 공격하기도 한답니다.

장수거북

장수거북은 세계에서 가장 큰 거북이에요. 등껍질이 여러분 집에 있는 식탁보다 더 크게 자라기도 한답니다. 다른 거북과 달리 장수거북은 딱딱한 등껍질 대신 가죽 같은 피부로 덮여 있어요.

알바트로스

다 자란 알바트로스는 날개 너비가 3미터를 넘기도 해요. 나는 데 있어 알바트로스를 따라잡을 새는 별로 없지요. 날갯짓 한 번 하지 않은 채 수백 킬로미터를 날아갈 수 있답니다.

태평양

태평양은 전 세계에서 가장 크고 가장 깊은 바다예요. 서쪽으로는 아시아, 오스트레일리아 대륙과 닿아 있고 동쪽으로는 아메리카 대륙과 맞닿아 있어요. 남쪽에는 무엇이 있을까요?

해룡

만화에 나올 법한 이 물고기는 해마의 친척이에요. 해룡도 해마처럼 긴 주둥이로 작은 먹잇감을 빨아들이죠. 해룡의 지느러미는 나뭇잎처럼 생겼어요. 이런 모습은 해양 식물들 사이에 숨는 데 어떤 도움이 될까요?

범고래

전 세계 모든 바다에서 볼 수 있는 범고래는 먹이사슬 꼭대기에 있답니다. 상어, 물범, 다른 고래를 비롯한 온갖 동물들을 잡아먹고 살지요. 어떤 동물도 범고래를 사냥하지 못한답니다!

대왕쥐가오리

만타가오리라고도 부르는 이 바다 생물은 상어와 가까운 종이에요. 긴 지느러미는 납작한 몸 양옆으로 뻗어 있죠. 가장 큰 대왕쥐가오리는 자동차 4대를 합친 것보다 더 커요! 이 가오리는 물 밖으로 튀어 오를 수도 있어요.

심해거대등각류

이 이상한 동물은 콩벌레와 친척이에요. 콩벌레와 닮았지만 훨씬 더 크답니다. 여러분 팔보다 더 크게 자라는 등각류도 있어요!

문어

문어는 몸이 말랑말랑한 연체동물이에요. 여덟 개의 긴 다리는 빨판으로 뒤덮여 있는데, 빨판으로 물건을 잡거나 몸을 움직이지요. 어떤 문어의 다리는 여러분의 팔보다 4배나 더 길답니다.

대서양

대서양은 세계에서 두 번째로 큰 바다랍니다. 물이 가장 짠 바다이기도 하지요. 서쪽으로는 아메리카 대륙과 닿아 있고 동쪽은 유럽, 아프리카와 이웃해 있어요. 북쪽과 남쪽에는 무엇이 있을까요?

돌고래

수십 종이 넘는 돌고래가 전 세계 바다에서 살고 있답니다. 포유류인 돌고래는 수다스럽고 아주 영리해요. 소리로 신호를 주고받는데, 물건의 위치를 알아낼 때도 소리를 이용해요.

흰긴수염고래

흰긴수염고래는 지금까지 지구상에 살았던 동물 중 가장 큰 동물이에요. 어떤 흰긴수염고래는 몸무게가 코끼리 40마리와 같죠! 이 고래는 한입에 500킬로그램이 넘는 크릴을 삼킬 수 있어요!

개복치

개복치는 세계에서 가장 무겁고 가장 이상하게 생긴 물고기예요. 개복치의 크고 납작한 몸은 대부분 머리가 차지한답니다. 개복치가 가장 좋아하는 먹이는 해파리예요.

황새치

황새치는 주둥이에 길고 납작한 뼈가 달려 있어요. 사냥할 때면 이 뾰족한 주둥이를 앞뒤로 휘두른답니다. 이러면 주변의 물고기들이 기절해서 먹이를 잡기 더욱 쉬워지죠.

초롱아귀

이 희한하게 생긴 물고기는 다른 물고기를 낚아서 잡아먹어요. 초롱아귀의 커다란 입 위에는 낚싯대 같은 촉수가 있고 그 끝에 초롱처럼 빛이 나는 발광체가 달려 있어요. 이 불빛으로 작은 물고기들을 꾀어낸답니다.

인도양

인도양은 세 번째로 큰 바다예요.
북쪽으로는 아시아 대륙과 이웃해 있고 서쪽으로는 아프리카 대륙과 맞닿아 있어요.
동쪽에는 동남아시아와 오스트레일리아가 있지요.
남쪽에는 무엇이 있을까요?

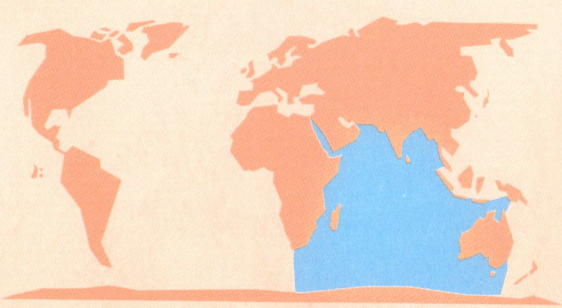

쏠배감펭

눈에 잘 띄는 이 아름다운 물고기는 화려한 색깔로 포식자들에게 다가오지 말라고 경고해요.
잡아먹으려 했다간 입안이 수많은 독가시에 찔리게 된답니다.

망치상어

이 상어는 머리가 양옆으로 매우 넓어요.
그 모습이 꼭 망치처럼 생겨서 망치상어라고 이름 붙었답니다.
눈은 머리 양 끝에 달려 있지요.
망치상어는 따뜻한 바다에서 볼 수 있어요.

향유고래

이 거대한 고래는 머리가 몸길이의 3분의 1을 차지한답니다. 머릿속에는 기름이 들어 있어서 한때는 향유고래를 사냥해 기름을 얻기도 했어요. 향유고래가 가장 좋아하는 먹이는 대왕오징어인데, 어둡고 깊은 바다에서도 사냥을 썩 잘한답니다.

고깔해파리

해파리처럼 생긴 이 동물은 아주 위험해요. 길쭉한 실처럼 생긴 촉수에는 독가시가 빼곡히 나 있어요. 해변에 떠내려온 고깔해파리를 만지면 쏘일 수 있으니 조심해야 해요.

실러캔스

실러캔스는 둥글고 두꺼운 지느러미를 지녔어요. 과학자들은 이 물고기가 오천만 년 전에 멸종했다고 생각했지만 1938년 아프리카 대륙 가까이에 있는 바다에서 살아 있는 실러캔스를 발견했어요.

북극해

북극해는 북극 지방에 있는 바다로, 다른 대양보다 훨씬 작아요. 추운 날씨에 바닷물이 얼어서 얼음으로 덮여 있답니다. 지구온난화는 얼음으로 덮인 북극해에 어떤 영향을 미칠까요?

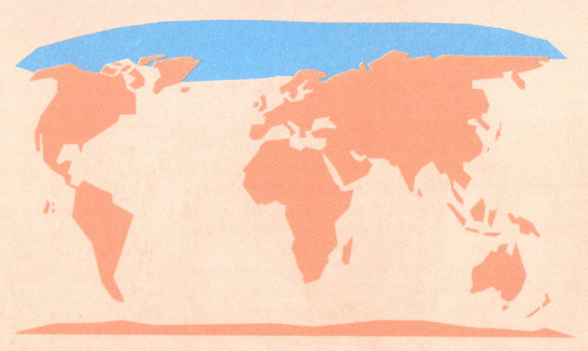

북극곰

북극곰은 바다에 사는 포유류예요. 대부분 바다 위 얼음에서 생활하지만, 하루에 80킬로미터 넘게 수영할 수도 있어요! 북극곰의 털은 흰색이 아니에요. 색도 없고 투명하지만 우리 눈에는 흰색처럼 보이죠.

흰고래

이 하얀 고래는 온갖 소리를 낼 수 있고 울음소리가 카나리아와 비슷해서 바다의 카나리아라고도 불러요. 흰고래도 추위를 견딜 수 있는 두꺼운 지방층이 있지요.

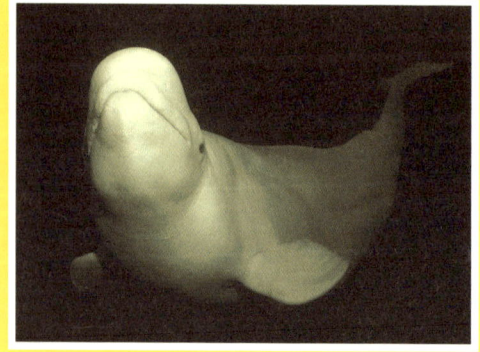

외뿔고래

야구방망이 3개보다 긴 엄니를 가진 고래를 상상해 보세요. 상상 속 동물 같지만 실제로 있는 동물이랍니다. 어쩌면 이 고래의 긴 엄니 때문에 유니콘의 전설이 탄생하지 않았을까요?

그린란드상어

이 거대한 상어는 온갖 종류의 물고기를 잡아먹어요. 어떤 그린란드상어는 북극곰이나 말코손바닥사슴을 잡아먹기도 했지요. 차가운 북극해에서 사는 그린란드상어는 400살 넘게 살지도 모른대요!

사자갈기해파리

이 해파리는 바다에서 사는 가장 큰 연체동물 중 하나예요. 젤리 같은 몸은 트럭 바퀴보다 3배는 크죠. 기다란 촉수에는 맹독을 품은 독가시가 빼곡히 나 있어요.

과: 가까운 생물 종의 모음.

기후: 한 지역에서 꾸준히 보이는 날씨의 종류.

대륙: 거대한 땅덩어리.

맹독: 아주 강한 독.

먹잇감: 포식자가 사냥하는 동물.

비늘: 물고기, 뱀 등의 몸을 덮고 있는 작은 조각.

산맥: 이웃하는 산들이 만드는 줄기.

생태계: 생물들과 그 생물들에게 영향을 주는 주변 환경.

설치류: 쥐 또는 쥐와 비슷하게 생긴 동물.

장마: 여름철 한반도에서 비가 한꺼번에 많이 내리는 시기.

아한대: 겨울은 길고 매우 추우며, 여름은 짧으면서 매우 더운 지역.

적응: 생물이 살아갈 수 있게 해 주는 변화.

종: 서로 짝짓기를 해 새끼나 알을 낳을 수 있는 비슷한 생물의 모음.

주둥이: 동물의 얼굴에서 앞으로 길게 뻗는 부분.

포식자: 다른 동물을 잡아먹는 동물.

포유류: 새끼를 낳아 젖을 먹여 키우는 동물.

해안: 땅과 물이 갈리는 곳.

찾아보기

ㄱ

가시도마뱀 82
가오리, 대왕쥐가오리, 만타가오리 99
갈매기, 극제비갈매기 91
개구리, 독화살개구리 68
개미핥기
    바늘두더지 85
    주머니개미핥기 84
    천산갑 25
    큰개미핥기 70
개코원숭이 50
개복치 101
거북
    장수거북 97
    지중해육지거북 39
검독수리 37
겨울잠쥐 40
고깔해파리 103
고라니 18
고래
    범고래 98
    외뿔고래 105
    향유고래 103
    혹등고래 96
    흰긴수염고래 100
    흰고래 104
고릴라, 산악고릴라 51
고슴도치, 유럽고슴도치 33
고양이
    눈표범 23
    모래고양이 28
    사자 45
    사향고양이 51
    삵 19
    스라소니 35
    시베리아호랑이 16
    재규어 69
    점박이하이에나 48
    치타 49
    퓨마 62
곰
    반달곰 18
    북극곰 104
    불곰 36

회색곰 57
공작 17
그린란드상어 105
극제비갈매기 91
금강앵무 73
기니피그 75
기러기, 캐나다기러기 58
기린 44
긴코원숭이 27
긴털족제비 37
길달리기새 65
까치 40
꼬리감는원숭이, 카푸친원숭이 70

쌍봉낙타 23
알파카 74
남극빙어 93
남방코끼리물범 93
남방푸두 77
남아메리카맥 73
네발가락뛰는쥐 47
녹색이구아나 73
뇌산호 86
늑대 59
누에 17
눈올빼미 21
눈표범 23
느시 41

ㄴ

나무늘보 65
나방, 아틀라스나방 25
나비, 제왕나비 57
나사뿔영양, 아닥스 46
낙타
   단봉낙타 46
   라마 68

ㄷ

다람쥐 21
다랑어, 참치 96
단봉낙타 46
대머리수리, 흰목대머리수리 29
대왕쥐가오리, 만타가오리 99
도마뱀, 코모도도마뱀 26

109

독화살개구리 68
독수리, 수리
    검독수리 37
    필리핀독수리 27
    흰머리수리 56
돌고래 100
동굴영원 38
동면쥐, 겨울잠쥐 40
동부회색청설모 61
등각류, 심해거대등각류 99
딩고 82
딱따구리, 오색딱따구리 39

ㄹ
라마 68
라쿤, 아메리카너구리 61
레드판다, 레서판다 23
레아 76

ㅁ
마못, 알프스마못 33
마젤란펭귄 77
만타가오리, 대왕쥐가오리 99
말, 몽골야생마 22

말코손바닥사슴, 무스 59
망둑어 27
망치상어 102
매너티 71
맥, 남아메리카맥 73
멧돼지
    야생멧돼지 32
    혹멧돼지 52
모래고양이 28
목도리도마뱀 84
몽골야생마 22
몽구스 25
무스, 말코손바닥사슴 59
문어 99
물고기
    개복치 101
    남극빙어 93
    다랑어, 참치 96
    망둑어 27
    비늘돔 87
    쏠배감펭 102
    시베리아철갑상어 20
    실러캔스 103
    연어 59

초롱아귀 101
　　파랑쥐치 87
　　피라냐 72
　　황새치 101
　　흰동가리 86
물범
　　남방코끼리물범 93
　　바이칼물범 21
　　얼룩무늬물범 90
물소
　　아프리카물소 49
　　아메리카물소 56
물총새, 웃음물총새 81
미어캣 52

ㅂ

바늘두더지 85
바다사자 76
바다악어 85
바다이구아나 69
바다코끼리 34
바이칼물범 21
박쥐, 황금볏과일박쥐 85
반달곰 18

방울뱀 64
백상아리 97
백황새 32
뱀
　　방울뱀 64
　　북살모사 41
　　킹코브라 16
뱁새, 붉은머리오목눈이 19
범고래 98
북극곰 104
북극여우 20
북살모사 41
북아프리카타조 47
불가사리, 악마불가사리 87
불곰 36
붉은머리오목눈이 19
붉은여우 33
붉은캥거루 80
비늘돔 87
비버 58

ㅅ

사슴
　　남방푸두 77

111

말코손바닥사슴, 무스 59
순록 35
흰꼬리사슴 60
사자 45
사자갈기해파리 105
사자꼬리원숭이 24
사향고양이 51
산고양이, 삵 19
산미치광이, 호저 39
산악고릴라 51
산호, 뇌산호 86
살모사, 북살모사 41
살쾡이, 삵 19
삵 19
상괭이 19
상어
    망치상어 102
    백상아리 97
    그린란드상어 105
샤모아 37
새
    검독수리 37
    공작 17
    극제비갈매기 91

금강앵무 73
길달리기새 65
까치 40
눈올빼미 21
느시 41
레아 76
마젤란펭귄 77
백황새 32
뱁새, 붉은머리오목눈이 19
북아프리카타조 47
아델리펭귄 91
알바트로스 97
에뮤 83
오색딱따구리 39
웃음물총새 81
캐나다기러기 58
코뿔바다오리 34
큰어치 60
큰코뿔새 24
턱끈펭귄 92
플라밍고 71
필리핀독수리 27
황제펭귄 90
흰머리수리 56

흰목대머리수리 29
흰바다제비 93
쇠물돼지, 상괭이 19
쇠똥구리, 왕쇠똥구리 47
수달 41
순록 35
스라소니 35
스페인아이벡스 36
스컹크, 줄무늬스컹크 63
시베리아철갑상어 20
시베리아호랑이 16
실러캔스 103
심해거대등각류 99
쌍봉낙타 23
쏠배감펭 102

ㅇ

아닥스, 나사뿔영양 46
아델리펭귄 91
아르마딜로 71
아메리카너구리, 라쿤 61
아메리카물소 56
아메리카악어 57
아시아흑곰, 반달곰 18

아이아이 53
아이벡스, 스페인아이벡스 36
아틀라스나방 25
아프리카물소 49
아프리카코끼리 44
악마불가사리 87
악어
   바다악어 85
   아메리카악어 57
안데스여우 75
안데스콘도르 74
알락꼬리여우원숭이 53
알바트로스 97
알파카 74
알프스마못 33
야생멧돼지 32
야크 22
양, 큰뿔양 63
얼룩말 45
얼룩무늬물범 90
여우
   안데스여우, 쿨페오 75
   북극여우 20
   붉은여우 33

113

연어 59
영원, 동굴영원 38
에뮤 83
오랑우탄 26
오리너구리 80
오목눈이, 붉은머리오목눈이 19
오색딱따구리 39
오소리, 유럽오소리 38
오카피 50
왈라비 83
왕쇠똥구리 47
외뿔고래 105
울버린 35
웃음물총새 81
원숭이
   개코원숭이 50
   긴코원숭이 27
   꼬리감는원숭이, 카푸친원숭이 70
   사자꼬리원숭이 24
   산악고릴라 51
   아이아이 53
   알락꼬리여우원숭이 53
   오랑우탄 26
   짖는원숭이 69

침팬지 51
웜뱃 83
유럽고슴도치 33
유럽오소리 38
육지거북, 지중해육지거북 39
이구아나
   녹색이구아나 73
   바다이구아나 69

ㅈ

자이언트판다 17
자칼, 황금자칼 29
장수거북 97
재규어 69
제비, 흰바다제비 93
제왕나비 57
전갈 64
점박이하이에나 48
족제비, 긴털족제비 37
주머니개미핥기 84
주머니쥐 61
줄무늬스컹크 63
쥐치, 파랑쥐치 87
지중해육지거북 39

짖는원숭이 69

ㅊ
참치, 다랑어 96
철갑상어, 시베리아철갑상어 20
천산갑 25
청설모, 동부회색청설모 61
초롱아귀 101
치타 49
친칠라 75
침팬지 51

ㅋ
카멜레온, 파슨카멜레온 53
카푸친원숭이, 꼬리감는원숭이 70
카피바라 72
캐나다기러기 58
캥거루, 붉은캥거루 80
코모도도마뱀 26
코알라 81
코요테 63
코브라, 킹코브라 16
코뿔바다오리 34
코뿔소, 흰코뿔소 45

코끼리, 아프리카코끼리 44
쿨페오, 안데스여우 75
크릴 91
큰개미핥기 70
큰바다거북 92
큰뿔양 63
큰어치 60
큰코뿔새 24
큰코영양 29
킹코브라 16

ㅌ
타란툴라 65
타조, 북아프리카타조 47
태즈메이니아데블 81
턱끈펭귄 92
톰슨가젤 48

ㅍ
파랑쥐치 87
파슨카멜레온 53
파타고니아마라 77
판다
   자이언트판다 17

레드판다 23
펭귄
   마젤란펭귄 77
   아델리펭귄 91
   턱끈펭귄 92
   황제펭귄 90
표범, 눈표범 23
푸두, 남방푸두 77
퓨마 62
프레리도그 62
플라밍고 71
피라냐 72
필리핀독수리 27

하마 49
하이에나, 점박이하이에나 48
향유고래 103
해돈어, 상괭이 19
해룡 98
해파리
   고깔해파리 103
   사자갈기해파리 105
햄스터 28

호랑이, 시베리아호랑이 16
호저 39
혹등고래 96
혹멧돼지 52
황금볏과일박쥐 85
황금자칼 29
황새, 백황새 32
황새치 101
황제펭귄 90
회색곰 57
흰고래 104
흰긴수염고래 100
흰꼬리사슴 60
흰동가리 86
흰머리수리 56
흰목대머리수리 29
흰바다제비 93
흰코뿔소 45